運動会ではみんなで大盛り上がり!

TEAM LEMONのレモンさんTシャツ!

歴代のレモンさんTシャツ。イラストやプリントはお母さんたちの手作りだよ!

PTAのお母さんが運動会で着た「レモンさんTシャツ」。本文P48〜を読んでね!

お昼ごはん、楽しく食べてる〜?

運動会のお昼休みは、「突撃!!となりの昼ごはん」と書いた大きなしゃもじを持って、みんなのところを回ったよ。本文P72〜を読んでね。

みなさんはどんな子ども時代を過ごしてきましたか?

アーティストとレモンさんがトークセッションで語る!

「世の中にいい風を送り続けているアーティストたちって、どんな子ども時代を過ごして、素敵な大人になったんやろ?」
そんなことを言うとったら、Mr.Childrenの桜井和寿、ウルフルズのトータス松本、CHARA、伊藤かずえという4人が賛同してくれて。
僕と一緒にトークセッションして、本気で語ってくれたんですよ!(ありがと〜)
子どもの頃、大人からこんな言葉を言われて「嬉しかった」、「悔しかった」とか、「こんな先生に助けられた」とか。
そこに、**現代の子どもたちを取り巻く問題を解決するヒント**があるんじゃないかと思って。
そもそもミュージシャンでも、女優であっても、
「今や教育はみんなの問題」っていう想いは同じってことやね。
世間の変化や問題に、敏感に反応している
アーティストやからこそ出てくる言葉……。
そんな言葉を、みなさんにお届けします!

伊藤かずえ
GO▼40page

桜井和寿
GO▼78page

CHARA
GO▼122page

トータス松本
GO▼166page

当ページで、各アーティストとのトークセッションが読めます。

レモンさんのPTA爆談

始まるよ！
Let's get started!!

もくじ

●カラーグラフ

[図解] レモンさんって誰? **1**

[トークセッションアーティスト紹介]
みなさんはどんな子ども時代を過ごしてきましたか? **8**

はじめに 「今、教育はみんなの問題」ってどういう意味? **14**

●いよいよ爆談開始! レモンさんのPTA爆談

「こんな学校辞めさしたる!」と思った小学校のPTA会長に。そのとき娘が言った、意外なひと言 **16**

初仕事「入学式」。日本国旗の前やのに、アメリカンなシルクハットを被ってブチかましました! **22**

僕のPTA像――。それはパンクで、トランス・テクノで、アコースティックや! **32**

行くぜ!

トークセッション① 伊藤かずえ

悔しさをバネに、女優を続けてきました。母の愛もあったし　40

- 役員会での僕の挨拶はメチャクサくてサブイ話。「PTAは一隻の船なんです……」　36
- 「PTAの仕事なんてスルーパス」って言ってた親を、運動会で泣かせてしまった……　48
- 運動会の定番曲「天国と地獄」は禁止‼ 選曲ひとつで、運動会は変わるんや　54
- 先生からの理不尽な忠告。それにも負けず子どもらを褒めまくったら、隠れた力を出しよった！　64
- 運動会の昼ご飯。教室入って給食食べてんねんで‼ なんじゃこりゃ⁉　72

トークセッション② 桜井和寿 Mr.Children

「あなたは出来ない子じゃない」と、支えてくれた、母の言葉　78

- 夏休みのラジオ体操に子どもが集まらんからっちゅーて、モノでつるヤツがあるかぁ！　86
- PTA会長が集まる会議やのに、何にも意見交換がない。そんなの大人ぶってる卑怯者や！　92
- 意見交換がまったくなかった会長会から3年後。なんと奇跡が起こったんや‼　98

トークセッション❸ CHARA
CHARAは、小学校3年生のときに出来上がったんです
122

- 何が大切なのかわからんくらい、先生は麻痺してるんか?「ありえへん‼」ってことが多すぎ‼
- 今こそもう一度問いたい。「PTAって何のためにあるんですか?」 **110**
- 子どもはみんなで守っていくもんやろ? お父さんもPTAに参加すんのが当たり前や! **114**

104

トークセッション❹ トータス松本 ウルフルズ
両親の愛情が、当たり前に伝わってた気がするんや
166

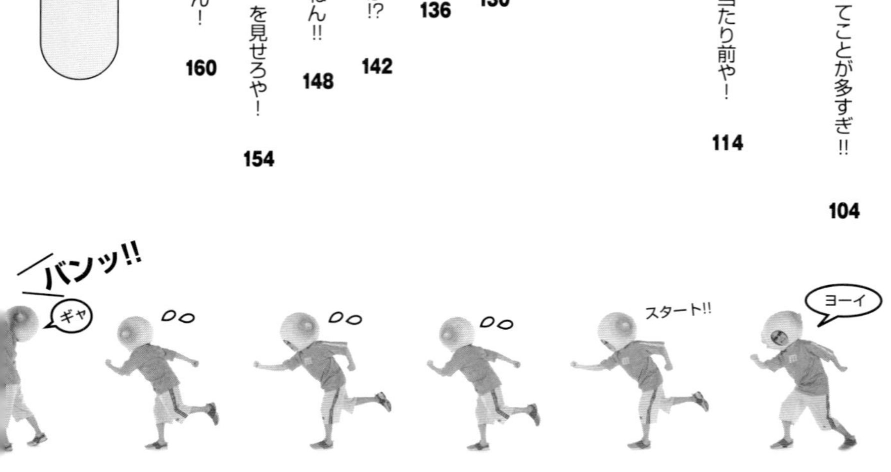

- うちの学校が「30人31脚」に出場。PTAのお母さんが鬼監督になった日 **130**
- 「30人31脚」東京予選へ。そこで奇跡的なドラマが起こる!ありえへん! **136**
- PTA選出委員会の内容は秘密。お前らエエ加減にせえよ! それでも大人か⁉ **142**
- 「忙しい」っていう理由はカッコ悪いんや! 大人がヒーローにならなアカンねん‼ **148**
- 形式ばっかりの卒業式。卒業していく子どもも、心配やないんか⁉「本気の心」を見せろや! **154**
- 「諦めない、見捨てない、見放さない」。それが本来の教師の姿、大人の姿やねん! **160**

● 楽しくて役に立つ(?) 2大特別付録!!

みんなで作ろう! **ペーパークラフト レモンさん**
244

ラジオDJが教える! **PTA挨拶の極意**
242

おわりに
みんなありがとう!!
でも、こっからがスタートやで
246

子どもとはとにかく話をすること! そしてきちっと愛を伝えること!

PTA会長の娘が校則違反!? でも親は、「子どもの最後の砦」にならんと。その意味わかるか?
174

「PTA活動と家庭教育の相対性理論」。僕の実家に見る「笑いのススメ」エピソードを添えて……
186

僕がパパをやってる山本ファミリーはどうなんか? 僕がいちばん、大笑いさせてもろうてます〜!
198

ボランティアでやらなアカンPTA。ツラくなったら、「パウワウパワー」を思い出せ!
210

戦後と同じくらいメチャクチャな現代。今こそ手を取り合って、「大人の本気の後ろ姿」を見せな!
222

232

この本はウェブサイト「教育技術.net」(http://www.ed.shogakukan.co.jp/)に2004年4月から2005年3月まで連載していた「ラジオDJ山本シュウの喰らえ!! レモン型 教育爆談」をまとめたものやけど、それを一気に読める上に、なんと、ボーナストラック(つまり書き足した分)もついてるんで、メッチャおトク(?)やろ〜。気合入れて読んでやぁ!

バタン!!
あ…
あ…
あ…

はじめに

「今、教育はみんなの問題」ってどういう意味？

イェイ、イェイ、イェーーーイ！　山本シュウさんが出てきたよぉ～～～っ！　この本を手にしてくれたあなた！　立ち読みでもいいから、この本、読んでってぇ～！

ハイ、どうも！　あらためまして、ラジオDJの山本シュウと言います（ペコリ）。小学校でレモンの被り物をして、「レモンさん」っていうPTA会長もやってます。

僕はまず、この本であなたに出逢えたことに感謝します。僕、いつもそうやねんけど、どんな人と逢っても、「あなたと出逢うために、あなたが生きててくれてありがとう！」って思うんです。そういう意味でも、この本を取ってくれたことに大・感・謝なんです！

最初見て、「なんじゃこの本？」って迷った？「PTA」って書いてある本を出してるんやもんね。ハハハ！　それ、当然です。だって、ラジオDJが教育とか、エライことになってるんです。僕はそのことに、PTA会長になってから気づき、それで、4年間（今年で5年目！）続けてきたPTAのドキュメントをまとめました。その想いはただひとつ！

子どもたちを守りたい！　この異常な状態を正常にしたい！

「関係ないな」と思った人。それは違うんやなぁ～。最近、子どもを取り巻く凶悪犯罪が多いやろ。あれ、誰のせいやと思う？　僕は、みんなのせいやと思う。なんでかと言うと、その犯罪を起こしたヤツを、「どうしてみんなで救ってやれんかったんや？」と思うから。「前からあの人、何かすんじゃないかと思ってた」って、よーテレビで言うてるけど、じゃあ、間違いが起こる前に、そいつを救ってやったらエエや

ん。加害者に対しても、被害者に対しても、「しらんぷり」する世の中は、子どもの頃からの教育に、「心の教育」が重視されてへんかったからやない？　凶悪犯罪のことだけじゃない。すべてのことに対し、今、「人間教育」が不足してるんや。

だから僕は、子どもの教育にいちばん近い存在のPTAを一生懸命やって、地域の人も、若者もお年寄りも、こうとしてる。さらにわかったのは、PTAの人だけじゃなくって、地域の人も、若者もお年寄りも、誰でも学校や子どもたちに関われる方法はたくさんあるってこと。そうやって、みんなで子どもたちを守るんやと。いつも、子どもたちの笑顔が絶えないように……、もっと言うと、あなたの笑顔も絶えないように、全世界にピース！が訪れるように。そのために、細かい「やらなきゃならないこと」を、この本にまとめたんです。

そう！　だから、あなたの協力が今すぐ必要なんです！　この本と出逢ってくれたあなたの「心」が必要なんです。「こんな本が出てた」と周りの人に伝えてください！　金儲けで言うてんとちゃいます。僕の印税は全部寄付します。パラパラっと読むだけでもエエんで！

そんな想いを草の根的に話していたら、4人のアーティストたちが協力してくれました。彼らが登場してくれたことでもわかるように、今、教育はみんなの問題なんです！

なんか、熱くなってしもうたけど、内容は読みやすいし、感動しまっせ（笑）。「えーー！ありえへん！」って話もいっぱいで、あっという間に読めると思います。なんせ、レモンの被り物をした「レモンさん」がPTA会長ですから。ハハハ！　もちろん、PTAの役員やって、悩んだり、イヤになったりしている人には、元気になってもらえると思っています。

すべては、子どもたちのために……

「こんな学校辞めさしたる！」と思った 小学校のPTA会長に。 そのとき娘が言った、意外なひと言

話は2004年。僕には小学校6年生と2年生の娘がいるんです。ふたりとも東京・品川にある区立の小学校に通ってて、僕はそこのPTA会長をやってるってワケです。

でもね、僕が会長になる前は、正直**「こんな学校、辞めさしたる！」**って思っとったんです。それは長女が1、2年生のときに見た運動会がきっかけ。そんとき、**「アカンわ、この学校サブイわ！」**と思ったんです。「こんなん思い出にも残らんわ。いわゆる『今日は運動会だよ！』っていう雰囲気もあらへん。空にパタパタパタってひらめく旗さえない……。ただの体育の授業やんかぁ」って感じ。僕はラジオのDJやから特に気になったんが、運動会のアナウンス。放送部の子どもたちは元気がなく、なんとなくやらされていて、

「よーい、ドン」……シーン……

「スタートしました。……ゴールです」……シーン……
「続いては何年何組……」……シーン……

っていう、しらけた感じやねん。おまけに音楽も、運動会の定番「天国と地獄」とかね。しかもカセットテープでタラタラやってるから、競技の途中で音楽が切れたりしよる。だからシーンとしてんの。「なんやコレは？ テニスのウィンブルドンか？」と。まず思ったんは、「親の中に、ラジオのDJを商売にしているヤツがおんのやから、そいつに手伝わせたらエエのに！」と。「手伝ったらアカンのか？ 頼まれたらやるのに。僕はお節介な性格やし、僕がやったら絶対もっと面白くなるはずや。**単純にマイク１本持たせるだけで盛り上げられるっちゅーねん！**」とか思ったワケ。あと音楽もタイミングよく、きっかけで出すよ。たとえば子どもに、まず大きな声で「続いては！ ４年生による〇〇競走!!」って言ってもらって、その言葉をきっかけに**ババーン！**とノリのいい音楽がいきなりかかる！ 音楽にはすごいパワーがあって、その場の雰囲気も変えるし、心の中に火をつけるんや。**音楽の、目には見えない演出効果**を最大限に活かしていかな!!「なんでそんなこともでけへんのや？ 大人がいてんのに」

ってメチャ思ったんよね。

そしたら僕は、**「やっぱ区立は区立なんかなぁ」**って片づけようとした。「こんなんやったら私立やアメリカンスクール行かしたほうが、全然よかったんかなぁ」って思って、学校を辞めさせようと真剣に考えた。それまではあんまり学校に関わってなくて、運動会を見ただけでそう思った。それからアメリカンスクールも授業料が高いしなぁ。

そんなとき、歌手のアン・ルイスと会って、彼女いわく「自分もアメリカンスクールで、子どもにもアメリカンスクール行かしたんだけど、結果、あんまりよくない」って。それやったら、「小学校のときは日本の学校へ行かして日本の教育を受けさせ、中学になったらアメリカに留学させたほうがいい。日本にあるアメリカンスクールって、日本人でも、アメリカ人でもないってことになりかねない」って言うワケよ。

でも、人気ミュージシャンのm-floと会ったら逆のこと言うねん。m-floは全員アメリカンスクール出身。もう絶賛しているワケ。「絶対アメリカンスクールがいい！」って。でも「アン・ルイスこう言ってたよ」って言ったら、「いや、そんなことないよ」って。

ホンマ、どうしようか結構悩んだ。**なんでそんなこと悩ませんねん、**

この国は!

そんなタイミングで、PTA会長の話がきたんよ。上の娘が3年生に上がるときやった。そもそもPTAの役員っていうのは、「選出委員会」っていうので名前が挙がって頼まれるんや。「そう言えばあそこのお父さん、熱心に運動会来るわよねぇ」とか、「あそこの家族は教育熱心そうよ」とか言って、「じゃあ、声かけてみよう」って。それで、僕のところへ電話が入った。でも、「いや、そんなガラちゃうし、ムリや」ってきっぱり断った。そしたらもう1回電話があって、「いや、もうすでに電話も一巡して、誰もやってくれる人がいない」と。「副会長以下は決まりそうなんだけど、会長がいない」って言うんよ。「ぜひお話だけでも聞いてください。1回だけ時間を取ってください」と、選出委員の人たち3人が家に来たワケ。それで説得されてん。そんときの説得材料が、「私たちスピーチが出来ない。人前で話すことが恥ずかしい。私たちは副会長以下の仕事は出来るけど、そういう挨拶関係だけは出来ない」ってことやった。そんで、「そのへんプロだから、入学式と卒業式の3分、5分の**スピーチをやってくれさえすればいい**。極端な話、会長職は名前だけでいい。あとは副会長以下が全部やるから。お

願いします！」って言われた。

そんなもん、断る理由ないやん。「そこまでお前は忙しいのか？」と。「ひと頃のピンクレディーか？」と。そんなことは言えないワケやんね。「あ、じゃあ、スピーチだけですよ」と言って受けながら、心の中では、「そんな、名前だけってエエかげんやのぉ〜。ホンマ大人ってコワイのぉ〜。間違ってんでぇ〜」とも感じていた。

……そして、やりだしてから気づいたんよね。「失敗したなぁ〜」と。失敗って言い方も変やけど、自分の性格を忘れてたワケよ。いざ中に入ったら、

「ほっとけない、ほっとけない」
「口出したい、口出したい」
「言いたい、言いたい」

ほんで、気がつきゃ、アミューズ（会社）のマネージャーに学校の年間スケジュール言うて、「これ押さえて、全部！」って言って。仕事のスケジュールより、PTAのスケジュールが優先やった。でも、会長になる前は、当然、娘のことを考えた。

PTA会長やると、「お前、PTA会長の娘かよ」って、自分の子どもがいじめられるかもしらんなぁ〜と。それはマズイから、子どもには必ずOKもらわなアカンって。だから「こういう話がきてて、僕は手伝おうかなって思ってんねんけど、キミはどう思う？『PTA会長の娘だ』っていじめられるかもしらんぞ」って。さらに、

「パパは、娘の行く学校やから、なんかお手伝いしたいんや」
「キミやキミの友だちに、いい思い出を作ってほしいんや」
「娘のためだけにやるっていうのは会長じゃないよね。娘の友だちも大切やし、その学校に通うお兄ちゃん、お姉ちゃん、年下の子らも全員かわいいからがんばるんや」って話をしたワケ。

そしたら娘は、「ちょっと考えさせて」って子ども部屋に入ったんよ。そんで、15分くらい出てこない。やっと出てきて、**「やっていいよ。けど、ひとつだけ条件がある」**って言われたワケ。「何？ 条件って？」って。なんか「条件がある」って言い方、面白いなって思った。すると娘から、**「まぁとにかく、カッコよくやってよね」**って言われて。そんときに「やられた！」って思った。さらに「ヤバイ！」って思った。これは、気ぃ〜抜いてでけへんようになったなぁ〜。「よし！ やったるで!!」と。

初仕事「入学式」。日本国旗の前やのに、アメリカンなシルクハットを被ってブチかましました！

PTA会長をやりだしたらやりだしたで、大変やった。「あぁー、なんやねん、この状況は。アカンな」って、何でもやりたくなる。

単純にね、自分がPTAの仕事に携わると、自分が学生のときに、「PTAって何や？」と思ってたことを思い出した。「俺には関係あらへん」って、結局わからんまま、ほったらかして大人になってもうてんけど、いざ自分がPTAに参加すると、あらためて「なんやねん？ PTAって」って思った。調べたら **「PTA」って「Parent-Teacher Association」の略** なんやね。「あ、そういうことかぁ！ 親と先生の組織なんや」って。そっからなんよね、僕が深みにはまりだしたんは。で、さらに、「PTAって、ザーマスおばさんがいっぱいいて、うるさくて、怖くて、堅くて、つまらん」っていうイメージがあったから、まず自分がやるからには、そういう堅いイメージとか、遠いイメージを払拭したいって思ったワケ。しかも「PTA会長」って響きは、子ども

なんかが「お前んのところのお袋、PTA会長かよぉ！」って言うみたいなイメージがあったから、「そういう言われ方をされないPTA会長になりたい。何よりもPTAが、もっともっと子どもの近くにあってほしい」と思ってん。

「PTAって何？　あのおっちゃんら誰？　なんか面白いね」
「あぁ、アレPTAの会長」
「え、PTAって何？」
「なんか手伝ってくれるんじゃない？」

っていうぐらいのイメージは持たせたかった。
そしてまず最初の仕事が入学式の挨拶。まさに「これだけやってくれればいい」って頼まれた挨拶！　じゃあ、その入学式からPTAをもっと身近に感じてほしいし、

「今度のPTA会長は僕や！　僕の考え方も表現するでぇ～」

と思った。こういうことは初めが肝心やし、僕のやり方に対してのリアクションが、どこからどのようにハネ返ってくるんかを知りたかった。そういうことで、次のような入学式になったワケや。

みんな想像してや！ 入学式の重々しい空気の中や！ お母さんやおばあちゃんは着物着てる！ 校長先生挨拶した！ 国旗に一礼する！ そして司会の人が言う。

「次にご来賓を代表しまして、本校PTA会長、山本修嗣様より、お祝いの言葉をいただきます」

後ろには日本の国旗がデーンてあるステージで、僕は、アメリカの国旗をあしらった大きなシルクハットを被り、光沢のある細身のスーツ姿にサングラスで登場した。

でも、司会の先生は何ごともなかったかのように、

「新入生は起立をしてください」

僕は起立した生徒の前でブイサインし、まずひと言め。手を大きく広げ、右足まであげて大声で、

「オッハー!」

会場は「シ〜〜ン」。すぐさま「座ってください」って司会の先生。完全に無視や。それでも僕は、

「ハイ、どうもぉ〜! みなさんおはよう!」

って。そしたら何人か「おはよう!」って返事してくれたけど、元気が足らん。そんで、

僕「みんな、『オッハー!』のほうがエエか? よっしゃ、**みんなオッハー!**」

新入生「オッハー!」

僕「まだまだ、もっと! オッハー!」

新入生「オッハー!」

僕「もっと、もっと! **オッハー!**」

新入生「オッハー!」

ちょっとずつ僕のリズムに乗ってきた。そして、やっと挨拶。

「みんな元気いいね。えー、あらためて自己紹介させていただきます。僕はみんなと一緒、PTAの会長1年生です。山本修嗣さんと言います。よろしくお願いします!」

って言うたら、みんな「お願いします!」って返してくれた。そしてこう言った。

僕「みんなにはですね、PTA会長って堅苦しいので、今日から僕のことを見つけたら『レモンさん』と呼んでください。せーの!」

新入生 「レモンさ〜ん!」

僕「もっと大きい声で! レモンさ〜ん! せーの!」

新入生 「レモンさ〜ん! レモンさ〜ん!」

そのあとは僕のパフォーマンスや。「ハイ、みんな大きい声が出てるね」って、ポケットから本物のレモンを出して渡したんやね。「ほしい人!」って言うと、さらに大き

な声が出よんねん。子どもらは「なんや、変なおっちゃんやな。レモンくれる」って思ったかもしれんな。でも僕はまず、PTA会長は「PTA会長」と呼ばず、「レモンさん」と呼んでほしかったんや。キャラクターを作ったほうが親しみ持てると思ってん。これが**「子どもらの近くにいるPTA」**の第一歩やねん。

なんでレモンさんなんかと言うと、学校教育の現場がビタミン不足やと感じて、そこへ**「レモンのビタミンを！」**ということで。しかも、レモンは幸せでピースな黄色。これはもう賭けやったね。校長も、教頭も、先生も、地域のおやっさんたちも、初めて見るんやから、僕のこと。こういうぶっちゃけ挨拶をするとも知らん。そもそも初めは、星条旗のシルクハットなんて被ってへんかったし。帽子は袋ン中入れて、普通に入場したワケ。とは言ってもサングラスやし、金髪やし、玉虫色に光った素材のスーツ着てるし……。僕は普段の僕のスタイルで行ったから「なんだ？ この人？」って思われてたと思う。こうやってちょっと僕のキャラクターをにおわしといて、「PTA会長挨拶です」って言われたときに、袋から帽子を出し、「ガバッ」て被って。挨拶の後半はさらにパフォーマンスをやったんやな。最初からちょこまかちょこまかする男の子にチェック入れといた僕。それでみんなに「回れ、右！」ってやって、お

父さん、お母さんがいるほう向かしたんや。そして僕はワイヤレスマイク片手に、その男の子のところへ行ってインタビューするワケ。

「ハイ、お名前は?」
「○○××です!」
「はい、○○くんです。拍手〜!」(パチパチパチパチ〜)
「今日これ、かわいいキレイな服を着てるよね。これは、誰が買ってくれたの?」
「お母さん」
「そうだねー。えー、○○くんのお母さんいますか!?」

そしたら急に緊張が走るワケ。「エー! オイ!? オイ!?」って。そしたらその子のお母さんが「ハイ」って手を挙げた。**親まで振られるのかよぉ!?**

「おー、キレイなお母さんやなぁ。いい? これを買うのには、お金がいるんだよね。ここまでお金を稼いでくるのはお父さんだったり、お母さんだったりするよね? ここま

で一生懸命育ててくれたんだよ、お父さん、お母さんは。だからね、『ありがとう』を言いましょう。みんなで『ありがとう』を言うよ！　せーの！」

「ありがとー！」

「拍手〜！」（パチパチパチ〜）

「ハイ、次はお父さん、お母さん！　お父さんお母さんもね、いろいろあるとは思いますが、子どもたちが成長し、こうして晴れ舞台にいます。お父さんお母さんもこの子どもたちから勇気をもらったり、がんばろうと思ったり、たくさんパワーをもらいました。ここまで無事に成長してくれて感謝ですよね。じゃあ今度は、お父さんお母さんから子どもたちに『ありがとう』を言いましょう。せーの！」

「ありがとう！」（パチパチパチ〜）

「はい、そのままもう1回、回れ右！　今度はむこう向いて！」

　って、先生のほう向くワケ。それで僕はお父さんお母さんのほうへ向いて、ドアタマに言った。「今の先生方は、両腕を縛られたまま『教育しなさい』って言われている状況です。大変な状況です。でもはっきり言います。今の教育の現場は最悪やぁ！」。

そしたら親たちは「クスクス」って笑いはる。でも、いちばん笑ったのは先生たちやった。「ハハハハ！」って。これは意外やったんやけど。僕の言うてることが当たっていたからやと思う。ほんでなおかつ、「先生たちも大変やねん」って、「先生たちも板ばさみなんや」って言った。

「けどね、それを言い訳にしてほしくない。やっぱり、しっかり教育してほしい。……と言うことで、お世話になる先生たちに、『よろしくお願いします』を言おう。せーの！」

「よろしくお願いします！」

こんなパフォーマンスをやって、入学式は大盛り上がりや。

でも、ここで僕は失敗してんねん。PTA会長1年目っていうことで、気がつかんかったんやな。終わってから「あれをやるんだったら、もう1回、回れ右をして、地域の人たちにも挨拶をさせるべきだったね」って言われた。僕はそのとき「地域」っていうのを知らんかった。「地域ってなんや？」と。「地域の会長って何すんねん？」って。さっぱりわからへんかったワケ。だからそ

れが飛んでんけど。学校って、地域のおエライさん方にいろいろ支えられてんねんな。

それをアドバイスしてくれた人は、もともとPTA会長やってて、見た目は完全なザーマスおばさんなんやけど、すごい教育者で、すごく温かい人なワケ。いわゆるPTAの相談役になってる人。その人が僕のことを気に入ってくれて、守ろうとしてくれている。「あなたがやろうとしていることはすばらしい。でもね、そういう変わったことをやろうとすると、大人の世界っていうのは、それをジャマしたり、ねたんだり、つぶしたりする人がいるから。**せっかく新しいことをやろうとしてるのに、つぶされたら意味がない。**だから守りたい」と。「会長もそれをわかってほしいから、あんまりムチャはしないで」って言ってくれてる。やっぱこういうことをするには、当たり前やけど、根回しとか必要なんよね。

僕のPTA像——。
それはパンクで、トランス・テクノで、アコースティックや！

入学式の挨拶で、僕はこんなことも言うたんや。

「親を代表して3つ言いたい。まずひとつめ。世の中は偏差値教育なんで、点数の取り方を教えるのも大切なことかもしれない。でも、それ以上に**人間教育をしてほしい**。もっともっと**心の教育**をしてほしい」と。

ふたつめが、「たとえば10点満点の漢字のテストがあって、3問しか答えられなかったとき、『なんでキミは、7問も間違ったんや』って言うよりも、その**正解した3問をまず褒めてやって**ほしい。その子のいいところを褒めて、伸ばしてやってほしい」。

そして3つめが、「**人の痛みがわかる子**、そういう教育をしてほしい。思いやり。こういうことをしたら人が傷つくとか、そういう気持ちを相手の立場に立ってわかるような教育。その3つがわかる教育をお願いします」って言うた。僕はPTA会長ではあるけれど、その前に、子どもを学校に通わせるひとりの親やねん。

そんなこんなで入学式が終わった。そして来賓が退場するとき、僕は親の座ってる間を歩くんやけど、そのときカメラを持ったお父さんとかが、「最高！」とか言うてくれてんねん。中には「ラジオ聴いてるよ！」って言うてくれる人もおって。「レモンさん最高！」とか、親の目の色が全然違ってた。最初は僕の突然なパフォーマンスで引いてた感じやったけど、「言うてることは間違ってない」っていうのもあったと思うし、なんか会場が一体になっている感じやった。

終わってから「どうやった？」ってみんなに聞いた。やってみんとわからんことやったし、やってみてクレームつくならクレームつけてくれって気持ちでおったから。でもそんなクレームはないし、クレームどころか会長おんねや」とか、「こんなんする人おんねや」とか、「言うてることはもっともやし、すごい面白いし」っていう意見やった。反発の声を聞いたのは、地域のおじいちゃんからだけやな。「まじめにやるところは、まじめにやってください」って。でもそれも1年後には、「うちの会長はすごいよ」ってみんなに自慢してくれはるんよ。

自分が小学校行ってたとき、やっぱ3点しか取らへんかったらごっつう怒られたし。僕はラジオやってるから、リスナーから伝わってくんねん考え方は単純やねんな。**すごい衝撃的やった**」と。「こん

けど、偏差値教育の中にある比べ方っていうか、「点数取ってないヤツはバカだ」みたいな、そういう空気を今の学校教育に感じてる。実際に子どもが1、2年のとき、運動会や授業参観を僕も見てるワケよ。そんで、どうしても学校の噂話とか聞くやろ。何ら変わってないねん、昔と。人のことばっかり気にして、建て前ばっかり言うてる。「問題は困る」みたいなのも。同年代の学校の先生と話しても、共通の問題点を聞くねん。若くして先生やって、自分のやり方でやろうとしても絶対抑えられると。浮いてくるし。飛ばされることもあるし。そういう話を聞いてた。教育の現場はそういう現場やと。

だから入学式では、今まで溜まってたもんブチまけたって感じかな。「PTA」とは「Parent-Teacher Association」だが、レモンさんの解釈は、「PTA」の「P」は「Punk（パンク）」＝「激しく」、「T」は「Trance（トランス）」「Techno（テクノ）」＝「気持ちよく」、「A」は「Acoustic（アコースティック）」＝「優しく」、つまり、「激しく、気持ちよく、優しいPTAを目指す」。これやねん。

PTA会長の話を受けたとき、ホントに「スピーチだけしよう」と思ってた。でも、

「なんや、サブイ運動会やのー」って思ってたから、「運動会だけは、なんか手伝えるかもしれませんよ」とは言ったんや。でもこう言われた。「ホント、スピーチだけでいいんですよ。そんな一生懸命やらなくても。みんなもＰＴＡやるだけで大変なんです。だからみんなの共通意識として、去年やってきたことのそのまんまをおさらいして、１年間任せられたことを無事に消化すればいいんです」。でも僕は、「そんなんやったら僕がやる意味ない」って。やっぱ、僕のどっかに興味はあったんやね。「何が起こってんねん、教育の現場で」と。だから「僕がやるからには、僕の感覚でやるで」って。

「それをやったときにみんながどういう反応をすんねん」と思った。「サングラスはずせ」とか「日本の国旗の前で、アメリカの国旗の帽子被りやがって」とか。「そんなこと言うヤツおんのか？」と。やるだけやって反応を見たかったっていうのもあった。

そしたらやっぱり若い親は、**「レモンさん、最高！」**とか、入学式のときに、すぐさま面白がって反応するワケよ。みんな今まで声に出してへんかっただけやし、行動にも移してなかっただけなんやな。

役員会での僕の挨拶はメチャクサくてサブイ話。
「PTAは一艘(いっそう)の船(そう)なんです……」

僕がPTA会長になって、役員全員と顔を合わす最初の「合同委員会」。「今からとってもクサイ話をしますよ〜。鳥肌立ちますよ〜」という前置きをして、僕の挨拶は始まった。毎年、PTAの1年はここからや。

「**このPTAとは、たとえるなら一艘(いっそう)の船と一緒です。**ここにいる人たちは、全員がその船の乗組員です。すでに僕たちは港を離れ、大海へと出たんです」

メチャクサイ！ サブイですか？ このあとも鳥肌がバタバタ立ちますよぉ〜。

でも最初に、僕がこの話をする理由を。それはまず、サブくなるくらいの「熱い話」で、みんなが心の中にしまっている「熱」を呼び起こしたかったんです。

PTAってボランティアでしょう？ お母さんたちは、たとえば、家でおじいちゃん、おばあちゃんの面倒をみて、子どもの送り迎えやって、自分もフルタイムで働いて、帰ったらすぐ夕飯の支度、お風呂に入るのはいちばん最後で、朝もいちばんの起

床。モーニング娘。もビックリのスケジュール!? ホンマ、サインもらいたなるほどすごいよね。そんな中で、PTAの活動をせなアカン。そりゃ誰だって、余裕があったら子どもたちのために、なんぼでもやりたいよね。けど、現実問題、精神的・体力的にボロボロや。それでもよりよいPTAをつくるためには何が必要？って……**「熱さ」＝「情熱」**しかないワケよ！ 情熱がないとPTAやるモチベーションなんて保たれへんやろ？ だから、お父さん、お母さんの**心の中に眠っている「熱さ」を引き出すためのトーク**をしたいワケ。正直言って、中には「もうエエよぉ、もうそんなの……。何をこの人はひとりで熱くなってんねん？ アンタは奥さんがやってることやれんのか？ 父親は理想論だけ言うて」みたいに思う人もいるやろ。何とでも言うてくれ！ 突っ込まれることも僕の役目やと思ってる。けど、PTAの仕事に携わる人たちの中でひとりでも多く、引き出しの中にしまっている熱いものを出してくれたらエエなぁ～と思うんや。

クサイ話の続きはこうや。

「1年の航海に向けて、イカリは上がりました。もう帰れません。みんなでオールを持ってこの船を漕がないと、どこに流されるかわからへんし、すごい

この航海はつらいけど、必ずステキな航海になるでしょう

ここで僕は、友だちの白石康次郎くんの話を出すんや。白石くんとは、史上最年少ヨット単独無寄港で、世界一周をした素晴らしき冒険家。

「僕は白石くんに聞きました。『なんで、命を懸けてそんなチャレンジをするんや？』と。彼は言いました。『このチャレンジをしなければ絶対出逢えない体験や風景に遭遇できるんです。たとえば、嵐が去ったそのあとの海は、まったく波のない凪になり、夜になると、満天の星空、輝く月……。それがそのまんま、凪の水面に映るんです。そのとき自分は、宇宙の中にいる気がする。すごい感動的なんです』と」

「そのほかにも信じられないような、陸の上では体験出来ないようなことが、たくさんあるんやって。このたとえ話をして、僕はこう続ける。

嵐に遭うかもしれません。海賊にも遭うかもしれへん。そんな中でひとつ約束してください。たとえば船酔いしたり、もう体力の限界やと思ったら、『もう漕げません、ちょっと休ましてください』と、正直に手を挙げてください。あなたのフォローをみんなでやります。必死になりすぎて、家や子どものことをほったらかしにするのは、本末転倒、船転倒です。それでも僕たちは航海を続けます。ただ僕は言いたいんです！

「このPTAは、子どもたちのために一生懸命やっています。でも実は、その間に感動をしたり、涙を流したり、子どもたちや学校のことが理解出来たり、親自身の人生にとっても、貴重で、素晴らしい経験が出来るんです。そして1年後、無事にこの港に帰ってきましょう。そのときは、よくがんばった自分を褒めてあげてください。そしてこのPTAを終える日に、『**ステキな風景と出逢いましたか?**』と聞きますから」

僕もひとりの親で、ボランティア。自分の人生を1秒でも無駄にしたくない。しかし、「PTA役員、イヤやわぁ」って、人より損をしているイメージを持っている人が多いんよねえ。でも、イヤイヤやると、ホンマにイヤなもんで終わるんよ。「やる」と決めた以上、PTAの活動として使う時間も人生の貴重な一瞬で、絶対無駄にさせたくない。だからこそ、一生懸命やってみて、いろんなことが普通の親よりもわかることが多いってことにも、気づいてほしいねん。だからボランティアである

PTA活動こそが子どもを持つ親の特権であり、お金では決して買えない体験と感動がそこには存在するんやっちゅうことを伝えたいねん。

要は、冷めたお風呂に熱いお湯を注ぎ込み、みんなにエエお湯につかってほしいんや。だから僕は、いつも「熱」のある話になるんやね。たまにのぼせんねんけど。

「エキストラに弁当食わすな」と言われ、悔しかった

シュウ ほな、始めよっか。なんか、あなたのことをよう知ってるから、やりにくいな。まぁエエわ。まず、伊藤かずえ女優デビューはいつなん？

伊藤 デビュー……っていうか、エキストラで画面に出たのがデビューとすれば、6歳から。でも、ちゃんと役とセリフをもらったのは、10歳かな？

シュウ 10歳でデビューしたら、いろいろあるやろ？ 10歳で大人の社会に入るワケや。ほんでスグ「ここはこう動け」って任されるやんか。そんな中で、寂しかったり、ちょっと腹立つこと言われたり……あった？

伊藤 あぁ！ 腹立つことは言われました！ あのね、私がエキストラやり始めて、うーん、半年くらい経ってたのかな？ そんとき、すっごく売れてる俳優さんが主役のドラマで。エキストラの子どもがたくさんいるシーンに、ものすごく時間がかかっちゃったの。そんときに、お弁当の数が足りなくなっちゃって。めったにないことなんだけど。普通、多めに頼むからね。

シュウ そうやんね。

伊藤 でも、たまたま足りなくなっちゃって、そうしたら「じゃあ、エキストラなんかに、弁当食わすな」って、その人が言ったの！！

シュウ エーーーッ！ すっごく売れてる、その男の人が！？

伊藤 うん。みんなが聞いてる前で言って。それで私、「すっごい悔しい！」って思って。こんな長い時間、おなか空かしてやってて、しかも、寒い中で。ロケだから、座る所もないワケですよ。いつ出番があるかわからないから、現場を離れられないし。でも、文句を言っちゃいけないっていう、いろいろルールがあって。で、それ聞いたときに、「エェ、ご飯も食べさせてくれないの？」と思って、すごい悔しくって、「この人だけは、絶対抜かしたい！」って。

シュウ エーーッ！ 思うてたんや！ エキストラの時代に！

伊藤 そう思ったの。でも、どうやったら抜けるかがわからない。ただ、「やっぱり、この人より上

悔しさをバネに、女優を続けてきました。母の愛もあったし

伊藤かずえ

80年代の大映ドラマと言えば、伊藤かずえさん。その役柄から「不良少女」、「意地悪」というイメージが大きいが、普段の彼女は、いつも笑顔で、おっとりとしたしゃべり方。長く女優を続けられるのは、子どものときの「悔しい」想いと母親の愛情があったから。そんな彼女の、子役時代からのエピソードを交え、「子どもは、何がきっかけで奮起するのか？」、「そのときの母親の姿勢は？」などを、探ってみたいと思う。

Kazue Ito × Sho Yamamoto

Kazue Ito × Shoo Yamamoto

になるには、主役を取ることだって、単純にそう思って。だからこれはもう、「長く続けなきゃ」って思った。

シュウ 「弁当食わすな！」で伊藤かずえがスタートしたんや！

伊藤 食べ物の恨みは怖いや！（笑）

シュウ え？　いくつのとき？

伊藤 6歳。でも、2年間の研究所時代に、ずっとオーディション受けてたんだけど、1回か受かったことがなくて。で、2年経って、一応、この劇団は終了しましたっていう証書がもらえて。周りは、デビューする人もいれば、スカウトされる人もいて、いろいろ散っていくんだけど。でも私は、それまでずっとエキストラで、親から「辞めなさい」って言われて。うちの母親としては、私の引っ込み思案な性格を直すために入れただけだから。特に芸能界がすごく好きで、ステージママっていうワケではなくてね。声楽も健康のためにやってたんです。私、小児ぜんそくで、それには、腹式呼吸がいいみたいで、「声楽は丈夫になりますよ」ってお医者さんに勧められた。教室では、毎年、発表会があって、そこで撮った写真が、たまたま人づてに渡ってってって、その写真でスカウトされたんですよ。それがデビューのきっかけ。

シュウ すごいねぇ。

伊藤 うん。でも、その人はタレントを抱えている事務所を持ってるワケではなくて、映画のプロデューサーだったんだけど。「じゃあ、僕の作った映画に、とりあえず出させよう」って言って、初めて役をいただいたの。それで出たんだけど、もう全然！　怒られっぱなしで。3シーンぐらいしか出番がなかったんだけどね。なんか、走ってきて言うセリフがあって、走るにも助走距離がないから、走ったように見えなかったみたい。それで助監督に「背中押してやれ！」って言われて、転びそうになるくらい、背中をドンと押されて。もうそれだけでも……、そんなに強く背中を押されるなんて、日常生活でないじゃないですか。ホントに立っていられなかったの。そういうのって、新人のときってわかんなくて。「立ち位置」とか言われても、そこに止まってセリフを言うってときも、動きが不自然になっちゃうし。「こんなに守らなきゃいけないことがあるんだぁ」っと思って。泣きたいって感情以前に、そのルールっていうのが……。

シュウ 段取り覚えるの必死や。

伊藤 そう！　そういうものを必死に覚えて。で、そこで、泣きながら訴えかけるっていうシーンを、「ああ、また怒られる」って思って、監督のほう見てみたら、なかなかカットが掛からないんですよね。★長回しで撮ったんですよ。で、ブラウン管を通して、同じような感動を味わってくれる人がいるっていうのを感じちゃって、私。

> 私の演技で監督が泣いた。
> この仕事はすごいって思った

伊藤 あるとき、時代劇のゲスト主演みたいなのがあって。で、それがよければ、「水戸黄門」のレギュラーが取れるっていう。

シュウ えっ！　レギュラー!!

伊藤 うん。『江戸を斬る』っていう西郷輝彦さん主演の時代劇があって。それに、テスト的だけどゲスト主演で1回だけ。それも結構、大抜擢だったんだけど。その中に、すごく長いセリフとか、泣きながら言うセリフもあって。しかも、京都でいちばん怖いと言われている監督に当たって！

シュウ うわぁ！

伊藤 ずっと泣かされっぱなし。

シュウ 子役だろうが関係なしや。

シュウ ないもんねぇ。

伊藤 もう、すごい悔しくって、監督にもずっと怒られって。「立ち位置」とか言われて、そこに止まってセリフを言うってときも、「こんなに守らなきゃいけないことがあるんだぁ」っと思って、本番終わるまではがんばった。

シュウ 泣けへんかったん？

伊藤 いや、泣いた。だけど、本番終わるまではがんばった。

伊藤 それで感動しちゃって、私。ブラウン管を通して、同じような感動を味わってくれる人がいるっていうのを感じちゃって、「ああ、これは、もの　すごい仕事だな」と思って。

シュウ おぉぉぉ!!

伊藤 その瞬間や！

シュウ うん。もう感動しちゃって。

伊藤 小学6年生やろ!?

★1　編集によるカットの切れ目なしに、長時間カメラを回し続けて一気に撮影する技法。通常は20～30秒以上のショット。

Talk Session

Talk Session

伊藤 そう。それでうまくいって、水戸黄門のレギュラーも決まって、半年くらいかな? 中学のときに、新幹線で京都に通ってた。

シュウ へぇー! 中学で。お母さんはどういう反応やったん?

伊藤 母親はすごく辞めさせたかったんです。高校ぐらいまでと出てほしいと思ってたから。中学でそんな半年もね、ずっとレギュラー持って……。

シュウ 学校行かれへんし。

伊藤 でも、私はやりたくって。

シュウ 話し合った? そこで。

伊藤 話し合いましたね。母親に「辞めさせる」って言われてしばらく経ってから、担任の先生に呼び出されたんです。先生に「急に成績が落ちたけど、何かありました?」って言われて。そのときはもう、勉強も含め、何もやる気なくなっちゃってたんです。事情を話すと、「好きなことに取り上げるから、こんなことになるんだ」って、母親が担任の先生から怒られて! すごく理解のある先生だったんです。私があんまり学校行けなくても、来る姿勢がいいって。

シュウ でも、授業ついていかれへんとか、そんなんはないの?

伊藤 ついていけなかった。でも、撮影所に教科書持って行って、里見浩太朗さんとかに教えてもらって、なんとか高校受験も出来た。

シュウ 小学生でも、ホラ、「アイツCM取ったで!」とか、「あの子テレビ出てる!」とか、そういう競争があるよね。

伊藤 うーん。でも、何だろう、子役やってる子はすごく多いけど、すぐ辞めちゃう子っていうのは、年より若く見えて、背も小さくて、かわいらしい子。私は、ちっちゃいときからこの顔なの。

「大器晩成だ」って言われ、それを信じて、子役を続けた

シュウ じゃ、何? 母親は、頭ごなしに、「辞めろ!」っていう感じではなかったの?

シュウ 話し合って、「お母ちゃんは、やっぱり、中学校ぐらい行っておいてほしい」っていうような話? それ以前に、アレやね。自己主張強い子だった?

伊藤 うん。

シュウ いや、あまり言わない。

伊藤 両親は、いろんなお稽古事させてくれた。でも、「辞めるのも、あなたが決めなさい」って言われて。強制的じゃなかったんですよ。「何か合うモノがあれば続ければいいし」っていう。で、ピアノとか、それこそ声楽と、あとモダンバレエ、三味線、日本舞踊……いろんなお稽古事行って。でも結局、好きだったのは、やっぱ

りお芝居。研修所に行ってたのが、ものすごく楽しくて。

シュウ ハハハ! この顔や!

伊藤 で、背も高かったから、ホント、ネックだったみたいで。

シュウ 普通は、「みんな受かってんのに、私だけ受かれへん」ってエキストラや! もう辞めよう」って辞めるやん。

伊藤 あぁ……。でもね、なんか続ける気になったかというと、その研修所の先生が、「君は大器晩成型だから」って言うんですよ。「すごく才能はあるんだけど、子役では役にはこない」っていうことを、ずっと言ってて。

シュウ 「でも、君は、あとで絶対成功するで」と。

Kazue Ito × Shoo Yamamoto

伊藤 うん。それをずっと言ってくれてたのが、なんて言うか。力になってたって言うか。

シュウ でも「あとから売れるよ」って言われても、子どもとしては、「いや、今、売れたい」とならへん?

伊藤 ハハハ。でもね、ちっちゃいときブレークして、役のイメージにピッタリ合ってても、その役だけで終わっちゃったり。そういう子が、あまりにも多くて。それから私、小泉今日子ちゃんとか、早見優ちゃんとかと同時期に★2 アイドルとしてもデビューしたんだけど。その中でも「進学したいから」なんて、途中で休みなかったりとか、それから出て来なかったりとか。そういうの見てて、「続けなきゃダメなんだ」と。「休んじゃいけないんだ」と思って。

シュウ 自分で思った? 人から言われるんじゃなくて。

伊藤 うん。あのね、この仕事って、ちょっと休むと勘が鈍るの。今でもそうだし。子どもを産んだときに、2か月くらい休んで、それでもすっごい休んだ気がした。現場に帰ったとき、会話のスピードが違うから、「あぁ、あたし、バネになるタイプ。全然勘が鈍ってる!」と思った。

シュウ 単純にな、モノ続けるってことは大変やん。なんで、続けられたかっていうと、どうでもいいや!」って思うことが多くて。

伊藤 ハハハ! 「おっさん」に対してもそうだし(笑) 落ち続けてもそうだし、オーディションっていうのも、バネになったかなぁ。

シュウ ほんで、そこにまた、「大器晩成や」とか言う人おって。

伊藤 うん。やっぱ好きだった、いろんなお稽古事やって、学校は剣道やったりとかもしたけど、いちばん好きだったのはお芝居って。そのぐらい感動しなければ、続けてなかったかもしれない。

シュウ そのお芝居を、「こりゃあ、すごい!」って思った瞬間、監督が泣いてた話なんやな。

伊藤 うん。その厳しい監督に会って、そのお芝居を、「こりゃあ、すごい!」って思った瞬間、監督が泣いてた話なんやな。

シュウ でも、そんなときエラそうに言うの? 「なんで死んでたんだから」って。「どうせ死んでたんだから」って。

伊藤 うん……。あたし、なんて言うのかな? すっごいいじめらちゃう!

子役時代は、どこへ行くにも、母親がついてきてくれた

シュウ その打たれ強さっていうのは、もともと持ってたもんなんかな? お母ちゃんが教えたもんじゃなくて。お母ちゃんのDNAなんかな?

伊藤 DNAだと思う。あとは、病弱だったことがありますよね。

シュウ ほぉー。

伊藤 ぜんそくの咳がすごくて。毎日のように病院行ってた。「親に迷惑かけてるなぁ」って思ったけど、自分ではどうにもならないことでしょ。そして、母親から「あなたは3回死にかけたのよ」って言われた。それ聞くたびに、「もう、死ぬ気でやろう」って。

シュウ 3回死にかけた!

伊藤 「どうせ死んでたんだから」って思うと、結構、なんでも出来ちゃう!

シュウ そしたら、お母ちゃんの話。あの強烈な。簡単に言うたら、初めて家に行っても、なんか親戚のおばちゃんのとこへ来たみたいな感じ。だから僕が初めて会うたとき、「マズイ、この人、かぶってんなぁ」思って(笑)。

伊藤 うちの母親はシュウさんのこと、「あの人は、しゃべってないと死ぬんじゃう」って言ってる。

シュウ ハハハハハ! いや、違う、違う。僕がしゃべると、お母ちゃんがしゃべる時間減るから、腹立ってるだけやで(笑)

伊藤 そう、人の話は聞いてないですよね。うちの親は。

シュウ 一方的にしゃべる。

伊藤 常に私は聞き役で、「ふーん、ふーん」とか言って。

シュウ 「しゃべることでエネルギーを燃やしてる」って。

伊藤 うちのお母ちゃんからね、「助けられたな」ってことある? 子役からずーっとき、荒波があるような芸能界でやで。

伊藤 あのねぇ、えー、いろいろあるんですけど。たとえば、子役でも、ひとりでホテルに泊まる

★2 1982年に「哀愁プロフィール」(コロムビア)で歌手デビュー。シングル14枚、アルバム4枚リリース。「星屑のイノセンス」は小室哲哉作曲。

は、「女の子だから」って、常に一緒に泊まってくれてて。中学卒業するくらいまで、ずーっとついてくれてた。それは、事務所がちゃんとしてなかったっていうのもあるんですけど。あと、子役の母親って、ものすごく派手なんですよね、だいたい。でも、うちの母親は、冬でも雪駄とジーパンで。衣装さんとか、スタッフと間違われてたんですけど。

シュウ ハハハ、そうなんやぁ。
伊藤 あと、私のことを自慢しなかったのが、よかったなぁ。
シュウ え? その地味な格好して行くっていうのは、わざと?
伊藤 いや、普段からそう。でも、売れてる子どものお母さんって、びっくりするぐらい派手で。
シュウ なるほど、なるほど。
伊藤 で、ちっちゃいときから「大人はこのくらいコワイ」っていうことを教えてくれてた。
シュウ もう、そんなこと聞いちゃいけないような年齢のときから、教えてくれてたから。だから、「あんまり、でしゃばらないよう
にしよー」と思ってた。
シュウ あのー、ズバリ聞くけど。伊藤かずえは、幸せにずーっと女優されてるやろ? この世に感謝したい人は、たぶんいっぱいおると思うねんけど。パッと浮かぶのは誰? まずは母親?
伊藤 そうですねぇ。やっぱ、生んでくれたってことに感謝したい。あと、なんだろうなぁ。うちはそんなに裕福な家庭ではなくて、逆に貧乏なほうだったと思うんですよ。だけど、親がまったく見せなかったっていうのを、親に感謝している。ほしいっていうモノは何でも買ってくれたし。お金がなければ作るっていう。もう、内職してでも。それはすごい感謝してますよね。で、母親と父親が、苦労して稼いだお金っていうのがわかってるから、やっぱ、モノを大事にするんですよね。
シュウ おぉ、わかってた?
伊藤 うん。あと、そう! 私がすごく親友だと思っていた友だちのこと、母親から見たらよくなかったってことがあって。「二重人格っぽいところがあるから、気をつけなさい」ってずっと言われて。でも私は、その裏の部分が全然見えなくて、すっごい信用してたんだけど、やっぱり裏切られちゃって。「そうでしょ。親の言うことは聞いとくもんでしょ」って言われて。そのときに「あぁ、そうだなぁ」と思った。
シュウ 怒られたことない?
伊藤 怒られたことと……? うーん、怒られたこと??
シュウ ぁぁ、そうやって考えなぁ、出てこんのや。
伊藤 そうですねぇ……。
シュウ 「なんでこういうことしたの?」って理由聞いてくれた? 上から「ダメでしょ」ってガミガミ言うだけの。
伊藤 いや、話を聞いてくれてた。
シュウ おぉ、常に?
伊藤 そうですね……。

どうやって子どもをしつける? シュウさん、教えて!

シュウ そんな伊藤かずえが、す
でに母親やんか。
シュウ 子育てねぇ。
シュウ 今、何歳? 男? 女?
伊藤 3歳? 子育ては。
シュウ どう? 子育ては。
伊藤 うーーん、生まれて1年目が、いちばん大変だったかなぁ。1歳過ぎてからは、年々ラクになってくるなぁ。今はもう、会話も出来るし。叱っても言うこと聞かないんですよ。でもねー! ガミガミ言うだけの。
シュウ ハハハハハ!
伊藤 まったく。もう、なんだろ? 私のお友だちと一緒にご飯食べるときは、みんなが座って食べてるから、座って食べるんですけど、両親と一緒に食べるときは、もう、あっち行ったり、こっち行ったり。言っても言っても聞かないから。あれ、どうやってしつけたらいいか、教えてほしい。
シュウ それはもう、理屈よ。
伊藤 どういうふうに?
シュウ あのねぇ、わかりやすい言葉と短いセンテンスで、「なぜ動いちゃダメか」っていう理屈を、本人が「なるほど」って思うまで教えてやること。
伊藤 エーッ! どう言えば「な

シュウ　うーん、あのね。たとえば、その子が、スポーツ好きな男の子やったら、ウロウロしとんの捕まえて、「おい、お前え。バタバタしたらホコリがフワ〜ッて立つやん。ファ〜ッて」って、アクションしながら面白おかしく言うんや。「フワ〜ッて立って、フワ〜ッて」って。「フワ〜ッて立って、ブワ〜ッてご飯にかかりよんねん。お前なぁ、サッカー好きやろ？サッカーボール蹴るときは、土がフワ〜ッてなるやんけ」って、興味あること交えながらや。そんでな、「中田選手とか、Jリーガーおるやろ？あの人らは、ご飯食べるときに、ジッとしてるやん。なんでかいうたら、動かんとアカンときに、ダアーッとエネルギー使うためや」とか。

伊藤　なるほどねぇ。

シュウ　そしたら子どもは、「ふーん」って。ま、なんちゅうん？半分冗談みたいなんやけど、要するに「お前のしてることは、カッコ悪いで」っていうことを伝えるんや。だからうちなんか、「カッコいい」「カッコ悪い」のキーワードは、便利やからよう使わしてもらうよ。うち、親戚に男の子がおんねんけど。これが見とったら、まぁ、ホンマ、甘えん坊で、どうしようもないねや。そやけど僕に、どうしようもないねや。そやけど僕に、「うわーっ！」って来たがりよんねんや。よー怒られんのに。怒るっていうか、しゃべんねんけど。悪さしたらまず、「お前はぁ！来い！」って言うて、ギューッて抱きしめながら、「僕はメチャクチャお前のこと好きやぁ」って。怒られてないんだかわからんような。ほんで、「お前、絶対カッコエエ男になりたいか？なりたいか！？」って言ったら、「なりたい！」「おーし、僕がカッコエエ男にしたる！」とか言うて始まるねん。

伊藤　ふんふん。

シュウ　その男の子なぁ、お母ちゃんに「やだぁ〜、やだぁ〜」とかよく言うねん。男の子やのに。ダッサイこと言いよんねんよ。そしたら僕、「うわぁっ！カッコワルゥ〜!!ちょっと見とけ！お前の、やったるわぁ。『やだぁ〜、やだぁ〜』」とか言うて、手足バ

伊藤　なるほど。

シュウ　わかりやすーい言葉使うんや。大人の理屈で、「こうでしょー！ああでしょー！」って言っても、まったく無意味。

伊藤　無意味ねぇ。うちは、ホントに、夫婦ともに時間がグチャグチャじゃないですか。まぁ、かろうじて、子どもの寝る時間と起きる時間が決まってますけど。仕事で動く時間がバラバラなんで、こもいけないところなのかなぁ〜って思って。みんなどうやってしつけてるんだろ？

シュウ　別のキーワードで言ったら、「私のことつかんどんな」って思わしたら、勝ちちゃう？3歳ってアカンで。もう大人で。

伊藤　へぇ〜。

シュウ　子どもの顔した大人やで。全部わかってるで。3歳は3歳の理屈で、大人に気ぃ遣うの。大人のこと利用して、大人のことバカにしてるから。

伊藤　ハハハハ！

Talk Session

Talk Session

子どもの前では、怖いママになれないんですよね

シュウ でも、いちばんエエのは、あなたが、とにかくハッピーな雰囲気を持ってることよね。

伊藤 遊ぶのは得意です。しつけは出来ないけど。

シュウ ハハハハ！ いや、出来るよ、出来るよ。持ってる雰囲気が、子どもにとって抵抗ないもん。しゃべり方とか、声とか。ま、大人って、そっから壁あんねんで、本来は。でも、ないねん。あなたにはその壁が。

伊藤 ああ！ 最近、びっくりしてることがひとつあって。あのー、ビデオがいい加減増えてきて、今、DVDに落としてるんですよ。すっごい昔のヤツからやってて、も

うカビちゃってるのもあるから、やのに、オフの伊藤かずえは、今ここにおる、誰にでもフラットに接する人やからね。あんなに有名やのに、初対面のとき、やわらかく接してくれたから。それ、みんなに対してもそやで。

伊藤 そのね、自分の有名さ加減がわからないんです。それはね、うちの親に、「絶対おごるな、高ぶるな」みたいなことを、ずーっと言われてたからだと思う。それは教育として、ひとつあったかな。どんなに有名になっても、人に挨拶したり、感謝したりする気持ちは、どんな人に対しても忘れるなっていうこと、ずっと言われてましたね。

シュウ もうねえ、ホントに。見てるだけで、こっちがのどかになるんよ。伊藤かずえっていう人は。

うかびびる」とか。「計算しとったもん。
だから、子どもなんやけど、大人やねん。

シュウ ホンマやで！ 3歳は。

伊藤 そうかもしれない。

シュウ 僕だって、覚えてるもん。小学1年ときのこと、覚えてるもん。「先生にこうしたら好かれる」とか、「こうしたら喜びよる」とか、「こうしたら褒められる」とか。計算しとったもん。だから、子どもなんやけど、大人やねん。

シュウ でも、子どもには、ワケわかんないじゃないですか。でも、ジーーッと観てるんですよ。ママが出てるから。ただ、乱闘シーンがいっぱい出るヤツは、「怖い〜」って言いながら観てて。

シュウ ワハハハハ。

伊藤 それを利用して、「怖いママになっちゃうよ」とか言ってるんだけど。普段出来ないんです〜。

シュウ アハハハハハ！ げーオイシイのに〜、それ！ ★3「不良少女と呼ばれて」みたいなことやっとけば。

伊藤 普段は出来ないの！ なんでだろ？ カメラがあれば、変身出来るみたい。そこで初めて気がついた、私。実感した。

シュウ まあ、基本はどこまでいっても女優さん。っていうか、演技をするのが楽しいんやろ？

伊藤 やっぱりセリフがあったほうが、すごく入りやすい。

シュウ そんなにモロ「女優さん」

伊藤 何も考えてないけどね。

シュウ 極端に言うと、そういうことよね。

伊藤 ただ、飲んでるとき、誰か飲んでない人がいると、すごい気

マ＝伊藤かずえという図式が始まった作品。

Kazue Ito × Shoo Yamamoto

Kazue Ito × Shoo Yamamoto

シュウ ワハハハ！ じゃあ、ここで、なんかほかに言っておきたいことある？

になる。だから、すぐお酌したくなっちゃう。でも、自分が酔っ払うと、もうわかんないけどね。

伊藤 えー、今度、娘さんに会わせてください。うちのアイツだけは……」ってなるのかようよー。

シュウ エエよ。

伊藤 うちの旦那と知り合うきっかけになったの、シュウさんですからね！

シュウ そう、披露宴の司会までやったやん。

伊藤 責任を取ってもらうよ。

シュウ 何言うてんの。メッチャ仲良いくせに。でも、そうなんよね。プライベートをよく知ってるからね。ホンマあなたは。

するに、心ない大人の言葉を聞いた子どもが、どう思うのんか。「くそっ、ーンて落ち込むのか。ガーッとして、「すごい仕事だ」と思うっていう、その瞬間。どこでその子がその瞬間を迎えるのかわからへんけども、必ずそういう瞬間はあんねんな。

伊藤かずえを見てて思うのはとにかくおおらかよね。その根っこには、子どもながらに3回死にかけてるっていう想いはあるんちゃうかと思うね。「3回死にかけてるから！」っていうお母ちゃんの言葉は、「ラッキーで、生きてるだけで」っていう暗黙のメッセージ。それは親としても、いちばん教えたいとこやなぁ、僕なんかは。つまり、「生きてる」ってことがどんだけラッキーかっていう。あと、「ほかの子はひとりで泊まりに来てんのに、うちお母さんは必ず来てた」と。「守って

くれてた」っていう。やっぱりその暗黙の愛が伝わってる。守ってくれてる安堵感っていうかね。それをちゃんとお母さんは、指し示してくれてたんやね。

トークセッションを終えて、山本シュウのひとり言

ヒト的にエエ人。人間くさい人！ やっぱ「言葉」やねって、あらためて思うたね。ロケ弁の話。要

伊藤かずえ（いとう・かずえ）
1966年生まれ。神奈川県出身。小学2年で東映児童劇団に入団。中学3年のとき、真田広之主演の映画「燃える勇者」のヒロインに、2万9000人の中から選ばれる。80年代中盤、いわゆる大映ドラマ「不良少女と呼ばれて」、「ポニーテールはふり向かない」でツッパリ役を演じ、大映ドラマに欠かせない存在となった。ドラマはほかに「もう誰も愛さない」、「ナースのお仕事」など。99年11月、ミュージシャンのNATINと結婚、01年11月に長女を出産。

★3 いとうまい子主演、大映ドラマの代表的作品のひとつ。大映ドラ

Talk Session

「PTAの仕事なんてスルーパス」って言ってた親を、運動会で泣かせてしまった……

僕が「みんなで素晴らしい風景を見ましょう」と4月に言うてから、その素晴らしい風景はいきなりやってきたんや！ それは5月の運動会。

PTAやる前の2年間、ぶっちゃけ「なんや、この学校のサッブイ運動会は!?　これじゃあ子どもが、イケテル思い出なんか作られへんやん！」と頭にきてた。そやからPTA会長になったら、まずは**「運動会を盛り上げます！」**って公約した、まさにその運動会や。

中には「運動会って学校行事やのに、なんでPTAが関係あるの？」って思う人もいるでしょう。そうなんです。それまでのPTAは、運動会に関わるシーンってそんなになかったんです。

まず基本的にPTAの仕事って、簡単に言うと

「学校のお手伝い」。だから学校側が要請して、初めて動くんよね。もちろん教育委員会から直接、「校庭開放やってください」みたいな、いわゆる委託事業っちゅうのもあるけどね。だからこれまで運動会はどうしてたかって言うと、

先生　「すみません。今度、運動会やるんで、PTAのお母さんにお願いがあります」

PTA　「なんですか?」

先生　「来賓の受付周りやってもらえますか?　それだけやってもらえますか?」

って。「受付だけ」ってそんなぁ!?

ところが僕は、PTA会長1年目から先生にハッキリ言うたんや。「僕は1年目、2年目の運動会を見たときに、『なんじゃこりゃ!?』って思いました。みなさん一生懸命やっているかもしれませんが、失礼ながら、そう思ったのは事実です。でも、僕がPTA会長になったからには、とことんバックアップします。今までどんなPTAやったか知りませんけど、たぶん、**PTAは学校に突っ込み入れるだけ**だったでしょ?　単にイメージで言ってますけど。『先生、これどうなってるんですか?』とか、『先生、

うちの子にこんなん言うたでしょう?」とか。そうではなくて、**僕たちPTAは学校の味方**なんです。今、先生らが大変な状況に置かれてるんはわかりますよ。だから、どうぞ先生。悲鳴を上げてください。僕らは先生を応援します‼ すべては子どもたちのために! だからこれからは、**ぶっちゃけトークで行きましょうよ!** 先生の本音を聞かせてください!」って。

僕は、こっちもぶっちゃけて言うから、先生らもぶっちゃけてほしかったんや。何がしんどいんや? 何が忙しいんや? 何が大変なんや? 先生らの大変さ、親にも知っといてもらおうや。それで一緒に乗り越えていこうや。だから「受付だけやっとったらエエから」なんて変な遠慮や、変なビビリはいらんねん!

ましてや、ただ威張ってるだけの**「からっぽの威厳」なんてハナクソや!** 今の時代、本当に信頼される先生とは、勉強を教えるだけじゃないやろ? 本音でぶつかり、ひとりひとりの子どもの心をしっかり抱きしめられる、そういう人間本来の愛が届けられる人やねん! 愛、愛、

愛……。威厳なんて、後から勝手についてくるアカデミー賞みたいなもんやねんから。

だから僕らのPTAは、運動会の準備からあと片づけ、放送機材の手配や仮装の衣装作りにグラウンド整備まで、メチャクチャ手伝ったで。その内容はこのあと少しずつ話していくけど、今項ではそのうちのひとつを話そう。

PTAも運動会を積極的に手伝うってことになって、まずは役員にも意識を変えてもらいたかったから、僕らはおそろいのTシャツを作ったんや。それは、オレンジ色に「TEAM LEMON」って描いてある**「レモンさんTシャツ」!!** PTAのお母さんがイラストを描いてくれて、それをパソコンで出してアイロンで貼りつけた、手作りTシャツや。これが結果的にかなりの効果を発揮してくれたんや。

それは何かって言うと、Tシャツを着ることで、PTA役員のモチベーションが上がったこと。そして何より、誰がPTA役員か一目瞭然だったってこと。つまりイベントやコンサートなどのスタッフジャンパーと同じで、どこにPTA役員がおるかすぐにわかるという役割を果たしてくれた。「トイレどこですか?」とか、「落とし物したんですけど?」など、誰に聞けばいいかわからんことも聞きやすかったやろう。それがすごくよかった。

それから、これはたまたまやねんけど、その年の運動会はいい天気で、グラウンドがメッチャ乾いてたワケ。で、風が吹くとグラウンドの砂が舞って埃っぽいから、水を撒くんや。ところが競技しているときは、そんなん撒くヒマないワケよ。テントの手前とか、競技に関係ないところは撒けるけど。そして午前中の競技が終わって、みんなお昼ご飯食べに行く。でも砂が舞う。だから、午後の競技が始まる前に、PTA役員がグラウンドに出て、主事さんたちと一緒にじょうろに水を入れて撒いた。何杯も何杯も汲み替えて。それを撒いてる連中がみんなオレンジ色‼

せやから外から見た人も、子どもたちも、「あぁ、PTA一生懸命やってはんなぁ」とか、**「PTAが運動会をバックアップしてるんやな〜」**って思える風景になったんや。

その結果、校庭の中には、なんや言いようのない一体感みたいなものが空気として生まれて、ちょっと感動やってんな〜、これが。「子どもらのために、みんなで作ってるんや！」っていうね……。先生も、「あぁ、PTAの人が手伝ってくれてる」って。そういうことを一気に感じることができて、もちろん運動

会は大成功やった。

そしたらどうや！　運動会が終わったら、お互い肩を叩き合い、**感動して泣いてるPTAのお母さんがあちらこちらに！**「PTAの仕事なんて、スルーパスしたらいいんですよ、会長」って、冷めたこと言うてた親たち。その泣き顔を、まさか見るとは思わへんかった！「なんや、熱いもの持ってるんや、みんな」と、僕も感動した。

忙しくて化粧気もなくなりがちな元乙女たち（失礼！）の心の中には、今も純真で、キラキラした「ピュア・ハート」がしっかり隠されていたんや。逆に言うと、母親とはそれほどまでに過酷なものなんだと、あらためて思い知らされた。

PTAは確かに大変や。でも、いっぱいしんどい分、いっぱい素敵な時間にしてほしい。大人になったら、共に感動して泣く場面は減るのかもしれない。だから、熱く泣ける自分と出逢えること……つまり**「PTAの面白さってこれや！」**と思った親は、そのあともがんばれるよね。すべては子どもたちのために……。

運動会の定番曲「天国と地獄」は禁止‼ 選曲ひとつで、運動会は変わるんや

PTA会長になった僕が、「**運動会を盛り上げます!**」と公約して実際何をしたのか？ まずは、先生への大宣言！「先生(宣誓)‼ 我々PTAは、運動会を盛り上げるためなら、なんでも手伝います！ だから、ガンガン遠慮なく言うてください！ その代わり我々も、『こういうことしたらどうですか？』と、ガンガン提案させていただきます！」。先生たちは、正直「どこまで介入する気や？」と引いたかもしらん。

そして**初めに取り組んだのは、放送周り！** ここはラジオDJやテレビの司会をやってる僕の専門分野！ こういうイベントごとを盛り上げるのにはメチャクチャ重要やのに、今までの「小学生の放送なら、これぐらい出来ればいいだろう」的な感じが許せなかった！ 彼らの可能性はそんなもんじゃないはずや！

で、ここで「**爆談**」！

僕が感じてる今の学校の、大きなウィークポイントを教えたる！ それはズバリ！

「時代の流れを感じられてないこと」や!

運動会……何が悲しくて同じ曲を、何十年も全国でかけ続けとんねん! 定番の「天国と地獄」がイケテナイ曲やとは言わへんけど、世の中にはほかにも素晴らしい曲がどんどん誕生してんのに、なぜそれらを使って、子どもたちの感性を刺激してやらへんねや? 勉強を教えるだけが学校やったら、塾行かすっちゅうねん!

毎年、毎年、同じ曲をかけ続けるその理由はなんやねん! 教えてくれよ!

「天国と地獄」がかかると、運動会って感じがする!? それは君らのエゴや!! 思い出の中にある曲やからや! つまりナツメロや!! それに気づいてない全国の先生、あるいは気づいてんのに熱くなれない先生にハッキリ言うが、運動会の曲がリニューアル出来ないことこそが、今の教育現場の問題点を象徴してるんや! ただ「古い」なんてことを言ってるんじゃない! 以前からの流れを重んじるあまり、子どもたちが犠牲になってるということに、はよ気づけよ! もっと言えば、何を継承し、何をリニューアルせなアカンのか、その区別がわかってないんや!!

そういう想いで、いよいよ子どもたちに、放送の極意を伝授するときがやって

きた。

レモンさん　「エエかぁ、**音楽にはなあ、場面を展開させる力があるんや**。目には見えないが、その場の空気を演出するすごい力がある。そして何よりも、放送するキミたちの声そのものが演出効果になるんや。だけどあくまでも主役は競技をしてる人や！僕らは、彼らの舞台を盛り上げる照明や、後ろのセットみたいなもんや！」

すでに子どもたちの目が輝きだし、口は開きっぱなし。エエ感じや〜。

レモンさん　「じゃあどんな感じになるか、レモンさんがまずやってみせるからなぁ。よぉ〜見とけよ！」

と言って、B'zの曲をCDプレイヤーにセットし、さらに曲の出だしに合わせてPAUSE（一時停止）ボタンを押しておいた。

レモンさん 「続いては、プログラム5番、3年生による、障害物競走おぉぉぉ!!」

と大きな声で叫んだ瞬間、曲のイントロがカッコよく「ズバー!」っと入ってくる! そのとき、放送係のみんなが声を揃えて「カッコいいいいいいい〜」と、いきなりしびれていた……。たったこれだけのことやのに。さらにちょっと間を取って、

レモンさん 「3年生の入場です! みなさん大きな拍手をお送りくださ〜い!」

するとつられて放送係が、思わず拍手する。そして音楽はだんだん小さくなって消える。そのあと、また違う曲をすぐCDプレイヤーにセットして、同じように頭出ししておく。

レモンさん 「エエかぁ、今度はスタートだけはあえて音を切って、シ〜ンとした場面を作るんや。こうやって、緊張感をあおるんや。これぞ『無音の演出』っちゅうヤツやな。そこで先生の声が『位置について、ヨ〜イ』って入る。そしてピスト

ルの音『バーン!!』と同時にGLAYのアップテンポな曲が入る! このメリハリが肝心なんや! わかるか?」

放送係の目と口は、さらに大きく開いていた!

レモンさん 「それで競技が終わって退場の準備が出来たぐらいで、『お疲れ様!』って感じの曲を流して……」

また違う曲をセットしてかける。

レモンさん 『以上、プログラム5番、3年生の障害物競走でした〜! 3年生が退場します。**大きな拍手でお送りくださ〜い!**」と言って選手を送り出すんや。どうやぁ、こんな感じじゃ。わかったかぁ?」

子どもたちは完全にやる気になっていた。

しかし……。

レモンさん 「それじゃぁ、順番にやっていこうかぁ？　まずはAくんから」

Aくん 「(低いトーンの、『やる気あるんかいなぁ!?』って感じで) はぁ〜いぃ。(ゴッホン、ゴッホン) 続いてはぁ、プログラム5番、3年生によるぅ、障害物競走ぅ。」

レモンさん 「ちょっと待て〜！　それじゃぁ、選手がこけるぅ〜。エエかぁ、語尾は思いっきり言い放つんや！　まるで空の上に自分の声が飛び立っていく感じゃ！　**気持ちが上がってくるように、語尾は上げる!!**」

そして今度は音楽もセットして、Aくんが再び挑戦。

Aくん 「……**障害物競走ぉぉぉ!!**」

音楽が勢いよくスタート!!　Aくんが嬉しそうにニヤッとする。

レモンさん「やったぁー！　それやー！　出来たー！　最高!!」

　もうすでにプチ感動してしまった（笑）。正直、カッゼツが悪い子もいたし、声がもともと小さい子もいた。でも大切にしたのは、**その子の中でのベストを尽くさせるということ**と、その子の中の進歩をみんなで共有するということやったんや。少ない時間の中で、子どもたちは面白いように要領をつかんでいった。
　そして僕は、放送に使う曲を選ぶという宿題を出した。その日はCDをたくさん持って行ってたので、子どもたちは、自分の感性で選び、いろんな曲を持ち帰った。後日……。
　さあ、そしたらどうよ！　この選曲で、天才が現れるんやなぁ。

天才「自分の家からCD選んできました」
レモンさん「おー、『ライオンキング』のサントラかぁ。何曲目？」
天才「3曲目」
レモンさん「よし、やってみよかぁ」
天才**「次のプログラムは！　6年生の！　……騎馬せぇぇん‼」**

その瞬間CDプレイヤーから「♪ダーン！ダーン！ウォ～！ウォ～♪」……

なんと、なんと、壮大かつ力強い音楽が鳴り響いてくるやないの！

天才　「**5年生が入場します！**」
CD　「**♪ウォーウォー、ダダッ、ダダッ♪**」
レモンさん　「**カッチョイイ～!!**」
天才　「**大きな拍手を！！！**」

「騎馬戦だぁぁぁ～！」って感じの緊張感！僕は参った！思わず「これカッコエエなぁ～!!メッチャ迫力あるやんかぁ!!**キミは天才やなぁ！**僕、プロのDJやけどこんな選曲でけへんわぁ！素晴らしい！」って言った。これやから子どもの可能性というヤツは恐ろしいねんよね。その子は選曲ってもんがわかってしまってる。選曲だけでこんなに感動出来るんやで。大人の想像をはるかに超えてる!!**子どもの才能は無限大や！**

まだまだ感動は続く……。（読みながら、遠慮せずに一緒に涙してくださいね）

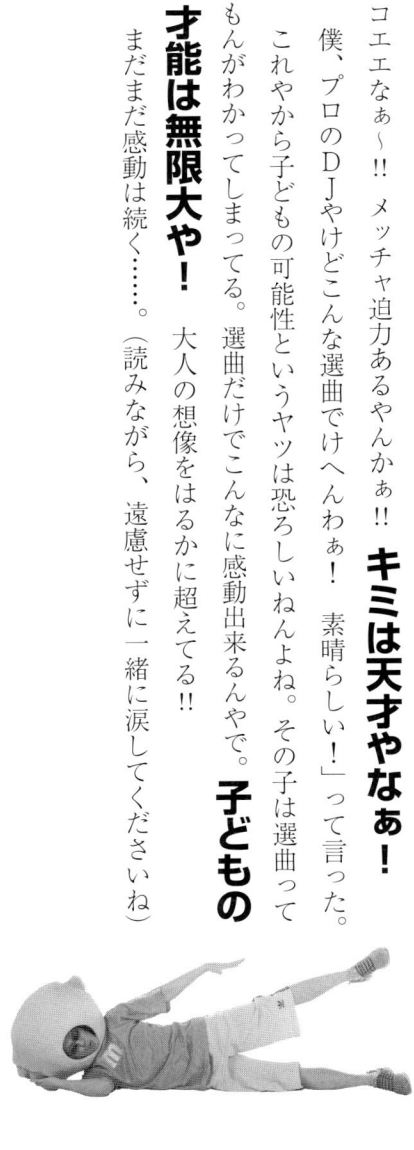

運動会まであと数日に迫ったある日。僕は「あぁ、もう日にちないなぁ。がんばろうぜ！」って何気なく言うたそのとき、ある子が、**「レモンさん、朝練しようよ！」**って言ってきた。子どもたちのほうからやで！「やる気があんのかわからん」と言われる最近の子どもたちが、自分たちから「やろう！やろう！」と。またプチ感動や…。で、僕は仕事が夜通しあったけど、なんか「あいつらに負けるか〜」っちゅう感じで、そのまま寝ずに学校へ行ったんよ。

レモンさん　「今日は実況の仕方を教えるぞ〜。まずは僕がやってみるぞ〜。『位置についてぇ、ヨーイ、バ〜ン！さあ今スタートしました！いいスタートを切ったのは○○くん！　それを追って○○さん！……さあ、最終コーナーを回って赤と白が競り合っています！**最後の直線コース！　皆さん声援お願いしまーす！**　今、ゴールしましたぁぁぁ！……』。どうや？なんとなく見えたか？」

子どもたち　「見えた、見えた！」

レモンさん　「つまり、自分のアナウンスしてる場面を想像するんや。スタートの合

図と共に、みんながんばってる姿を想像するんや。見えてくるやろう？ そしたら今度はその見えてるものを見えてない僕らに、言葉を使って見せてくれるか？ 選ぶ言葉は自由でエエぞぉ～。どんなんでもエエ。気にすんな」

子どもたちは、基本的には素直や。ますます面白がってんのがわかるし、吸収力の速さに、ただただ驚かされる。そしてこれは、「音楽を変えた。実況を変えた」っていうことだけで得られた感動や。たったそれだけで出来ることなんや。

子どもたちにとっても、大人たちにとっても、いろんなことを学び、いろんな思いを感じられるチャンスの場、それが運動会。だから音楽も、大切にしてほしいんや！ **音楽は心にPOWERを与え、潜在能力をも引き出す不思議な力を持ってるんやから。**

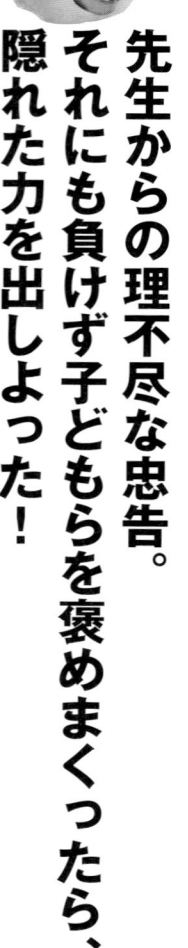

先生からの理不尽な忠告。
それにも負けず子どもらを褒めまくったら、
隠れた力を出しよった！

運動会の放送関係を手伝うことになって、子どもたちの練習も順調に進み、あとは本番を迎えるだけやった。ところが前日になって、**学校に呼び出されるっていう事件**が起こるワケよ。仕事やってる最中に、突然呼び出されたんやで！ 僕は「何ごとや⁉」と思いつつも、仕事と仕事の合間を縫って学校に行った。向かう先は校長室。校長室に入った瞬間、ビックリしたわぁ。先生がダァーッて輪になって座ってるんや。そこにポツンと座らされた。僕は「なんですか？」と。そしたら、

先生「明日の運動会を前に、少しおうかがいしたいことがあります。ひとつは、レモンさんは放送ブースで、生徒の横に座られるんですか？」

僕「はい、座りますよ」

先生「あぁ、そうですか……。じゃあ、しゃべられるんですか？」

僕「ええ、しゃべりますよ。僕もしゃべって盛り上げます」

先生「あぁ……。それは困ります」

僕「ハッ?」

先生「**運動会は、あくまでも学校の授業**なんですよ。さらに子どもたちが運営していく、子どもたちが主役のものなんです。なので**大人がでしゃばったら困ります**」

って言いはった。

僕「でもー、DJでしゃべる仕事してるヤツがおんねんから、名物オジサンみたいなのおってもエエんちゃいます? 先生らも名物先生やったらエエんちゃいます?」

って言うたら、

先生「あらま、失礼ね。私たちはみんな名物先生と思ってますよねぇ」

ときた！

先生「とにかく、**あなたが声を出すっていうのは困ります**」

そんで僕は百歩譲って「わかりました」って言うた。さらには、

先生「それからもうひとつ。実況されるんですか？」
僕「はい、しますよ」
先生「どういうふうに？」
僕「いや、普通に」
先生「じゃあ、実況するということは、『用意、ドン』でかけっこしたら、『1番誰々、2番誰々……』って名前言うんですか？」
僕「言います」
先生「やめてください」

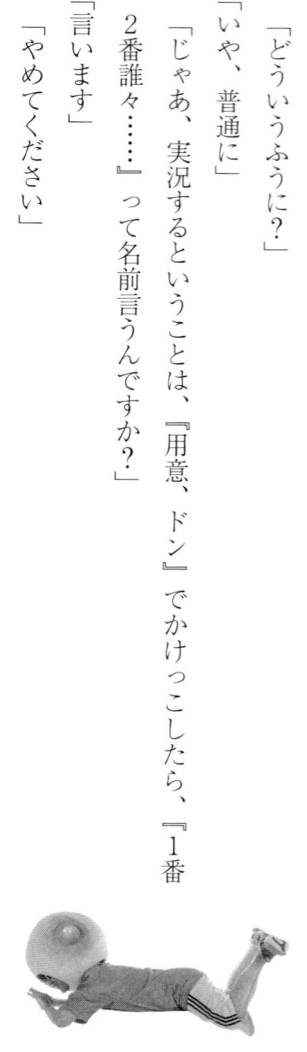

僕「何でですか!?」

先生**「差別になります。足が速い子ばかり実況されて、遅い子は呼ばれません」**

僕「ハァ～ッ!? そんなもん勝負やからしゃーないでしょ? そりゃもちろん、いちばん最後の子にも『ガンバレー!』って言いますよ。当然、フォローしますよ」

先生「でも同じ回数、名前を言えるんですか?」

僕「なんで同じ回数言わなあきませんねん! ならどーせー言うてください」

先生「では、白と赤に分かれてますから、その色で実況してください」

僕「エエエエーッ!!!! ほんなら『用意、ドン』、『さぁー、白がいいスタート! それを追って赤! それを追って白!』ってやるんですか?」

先生「そうするしかないですね」

僕 **「エエエエーーッ!? ハァァァア～～!?」**

僕は納得いかへんかったけど、がまんして「わかりました」って言うてん。で、当日。先生から言われた通りやったら、意外なことに気がついた。それは、実況を聞いている人は、実際そのレースを見てるから、「まず、いいスタートを切った

白！」って言ったら、そのいいスタートを切ったヤツを見るねん。「それを追って白！」って言っても、それを追ってる白はひとりしかおらへん。「あ、こいつや！」って、実はわかるんや。もちろん、普通の実況みたいに走ってるヤツの名前をシャウトしたほうが盛り上がるねんけど、これでもイケるんやなって思った。

それからさらに気がついたこと。それは、実況が誰のことを言うてるか以前に、「用意、ドン！」ってスタートしたあと、**「ジャジャージャーーーン♪」**っていい音楽が流れて、そこで実況が感情込めて「○※＃□△！ ○※＃□△！ 白がんばってくださいっ！ 赤がんばってくださいっ！」って、何言うてるかわからんでも、この声がひとつの演出になってんねん。**「ワァワァワァーー!!」**って叫んでる声。これがまたイケてんねん。本当の実況をせんでも、空気が生まれるんや。

でも、やっぱり子どもたちに出来るだけ**本当の実況をするチャンスを与えなアカン**わって思った。そんで当日、その実況のときに僕の口真似させたんや。僕が「まずは、白がいいスタートを切りました！」って耳元で言うたら、子どもはその真似をして、

「まずは、白がいいスタートを切りました！」って叫ぶねん。

レモンさん　「それを追って赤！」
子ども　「それを追って赤！」
レモンさん　「がんばってください。赤組がんばってください！」
子ども　「がんばってください。赤組がんばってください！」

初めは声が小さかった子も、とりあえず真似をすることで、どんどん声が出てきた。そしたらすぐに**ェェ感じや〜、最高や！**って褒める。しかもそれが午前中の後半になると、僕が口真似させよう思うてしゃべりかけたら、子どもがもうしゃべっとんねん。なんと、アドリブで。どんどん！感動や！　それも、実況の練習のときに、「ェェかぁ、絶対に前向きな言葉でいくんやで。『赤組遅いですね〜』とか、『あ〜、抜かされました』とか、やる気なくなるような言葉は絶対アカンでぇ」と注意を与えてたんや。それを見事に守ってる。すごい！

さらに午後になって、ある競技での出来事。その競技は、人数を数えて結果を出す競技やったんや。だから先生は「赤組42名！」って言って、今度は白組を数える。でも結構時間かかってる。ほんで「……白組43名！　あら？　赤組何名だっけ？」って

先生。みんなも「あれ？　何名だっけ？」って思ってる。そんときにグラウンド係の子が、「○○先生、しっかりしてください！」ってアドリブで。もうトラックの周り、爆笑や！　もうトラックの周り、そいつビックリしよんねん。「あ……ウケたぁ……」なんて。そしたらもっとアドリブかましてくるんよ。そんでみんなを爆笑させるんよ。

でも、そういうのがすぐに出来る子どもばかりじゃない。ミはなぜに放送部なの？」っていう子どもいるワケ。カツゼツは悪いし、声を上げてんやけど、基本的に暗〜い声しか出えへん。しかも当日ビビッてもうて、全然声が出てなかったんや。けど僕は、その子がしゃべるたびに、**「ウマイ！　イケてる〜！！」**って褒めた。そしたら、どんどん声が出てへん実力を見せた。これが子どものすごいところよ。語尾も上がってって、練習では見え、そこまで出来るって気づいてないねんから。「でも出来た！　レモンさんに褒められた！　先生にも褒められた！」。これって、めっちゃ自信につながるよね。

僕、少年野球やってたから経験あるねんけど、練習で打たれへんかったヤツが、代打で出たときにホームラン打ったりしてんねん。そういう、**子どもたちの隠れてる才**

能を引き出したるんが教育やなぁ〜って、本当に思うてね。

それを引き出すには、まずは褒めるのが基本や。褒め方も本気で褒めなぁアカン。ただのオベンチャラは通用せーへん。本気で褒めたくなる部分に気づくっちゅうことやろな。しかも、褒めてばっかりやったら、これまたアカンよ。やっぱり「ここは、こうしたほうがさらによかったかな？」っていう言い方も必要やね。こういう書き方すると必ず「そんな甘いのはアカン！ 厳しくいかな！」っちゅう人おんねんなぁ。もちろん、怒鳴って、怒鳴って、そいつの持ってる能力を伸ばせる人もいるやろ。

でもな、これって、よう勘違いしてる大人おるでぇ〜。ただただ怒ってる人ね。いちばん肝心なのは、**「その相手にその人の『愛情』が伝わってんのか？」ということと、「その相手との間に『信頼関係』がしっかり出来てんのか？ それに気づいて言うとのか？」**ということ。いつもそう思うねん。そこなくして、単純に「厳しく、厳しく」なんて思ってると、今の時代えらい目に遭うし、えらい目に遭わせることになるんや。スパルタやからエエとか、優しく言うのがエエとか、そんなのさしやないんやで。やり方の問題じゃないねん！ 時代が変わろうと真理は変わらんねん！「この人は、僕のことを本気で見てくれてるんや！」という「愛」と「信頼」やと思うで。

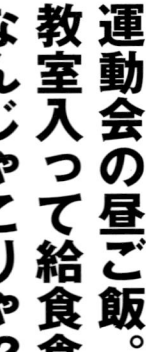

運動会の昼ご飯。教室入って給食食べてんねんで!!なんじゃこりゃ!?

PTA会長1年目の運動会は大成功に終わったんやけど、ひとつだけ気がかりなことがあった。それはお昼ご飯の時間。

事前に気づけへんかったんやけど、運動会の昼休みに、グラウンドから子どもたちが消えたんや。不思議に思ってたら、ナント! **子どもたちは教室に戻って、給食を食べてるやないかい!?** ほんで親たちは近くのファミレスとか、ともすりゃ、飲み屋に行ってるワケや。「ハァ!?」と思うて。「なんじゃこりゃ!?」

とにかく運動会が終わってから、PTA副会長に「ちょっと待ってやぁ。あの……気になったことがあるんやけど。なんでお昼は給食なん?」って聞いた。そしたら、最近はいわゆる母子家庭、父子家庭が多いから、「親と食べられん子がおったら、かわいそうや」っていうのがその理由らしいねん。そんでさらに大家族やったら、「たとえば8人分の弁当をお母さんが作らなアカンから、大変や」と。そういうことで、「運動

会のお昼の弁当をなくして、教室で給食を食べるようにしている学校が増えてます」って。そんなもん**「おかしい！」**っちゅうねん‼ それも増えてどうすんねん‼

そんなとき、PTA会長が集まる会長会があったんや。そこでほかの会長らに「ちょっとすみません、おうかがいしたいんですけど。お宅の学校では運動会の弁当どうしてますか？」って聞いた。そしたらみんなが熱く語りだして、会長会のさらに会長さんが言うた。

会長さん　「山本さん。**運動会のお弁当、絶対やりなさいよ。**実はね、うちもなかったんですよぉ」

レモンさん　**「エーッ、復活させたんですか？」**

会長さん　「復活しました」

レモンさん　**「エーッ、反対なかったですか？ 抵抗勢力はなかったですか？」**

会長さん　「ありました。けどね、やってよかったー！」

レモンさん　「なんでですか？」

会長さん　「そんなもんね、1年に1回早起きして弁当作るの、何が損なんですか？」

要するにやなぁ、弁当作るのはしんどいよ、そりゃ。せやけど、「子どもたちのためや！」と。それがしんどいなら、「手伝ってもらおうよ！」と。中には母子家庭で「誰も手伝ってくれへん、自分もパートに行かなアカン……」っていう人もおるやろ。ならばせめて「コンビニ弁当（味もよし、メニューも豊富！）を買ってきて、普通のお弁当箱に詰め替えるぐらい出来るんちゃうか！」と。

さらにこんな話にもなった。運動会というのは、ひょっとしたら1年に1回だけ**「お父さんと一緒に外でお昼ご飯を食べられるチャンス」**っていう家族もあるんよね。それが一生の思い出になる子もおんねん。「運動会でパパとご飯食べた」って。さらには運動会のお昼ご飯っていうのは、午前の競技を終えて、「お前、速かったなぁ」、「うん、僕がんばったよ」とか、「順番が遅かっても、一生懸命最後まで走ってる姿に、ママは感動したよー。カッコよかったよー。すごい!!」ってことを話す場所でもあるんや。大切な時間や。ところがそれを省いてよぉ、家に帰ってから親子で運動会を振り返ってしゃべれるかって言うたら、みんなクタクタでそれどころやあらへん。だから会長さんは、「運動会のお弁当は必要なんですよ。絶対やりなさい」って。ほかの学校

の会長さんからも言われて勇気が出た。「やっぱりそうか―!」って。

ほんで僕は、学校で先生に言うた。「先生、やっぱり運動会のお弁当は復活さ せましょうよ! 僕が何より許せないのは、まず母子家庭や、父子家庭の子が『かわいそうや』的な発想。やめましょうなんてあまりにも愚かな発想や! 何の解決にもなってないのがわからないんですか? 大切なことは、そういう立場の子どもたちを、**どんなことが あってもみんなで守ってやることやないですか!** それで弁当やめましょうなんて、寂しいことなんかあるかいな! **それこそが逆差別なんや!**

『みんなで一緒に食べたほうが楽しいやん!』って、友だちの家族と一緒に弁当を囲める。そういう社会を作るんや! こういう発想じゃないとアカンでしょう!」。そして僕は聞いた。「もちろん先生は、自分が担任している子どもの家庭事情、わかってますよね? ほんなら保護者の人と、お弁当が大変かどうかを相談したり、運動会当日に、『あの子は誰とお弁当を食べるのか』っていう何気ない配慮が大切でしょう。わかりますよね?」

「**なんやそれ!?**」。その数人の子どもを、守る自信なかったんかっちゅうねん。それでそれで、調べてみたら、そういう家庭の子は2、3人やった。これもまた頭にくる!

あとの全員が、運動会でお弁当を食べるっていうチャンスを失うんかい！

学校ってのは、なんでそんなにマイナス思考やねんやろうな〜？ ひとつ問題が出たらすべてやめるよな、学校って。その子たちがお弁当作ってもらえへんかったら、みんなで作ったらエエやん！なんやったら僕が作るよ！こういうときこそ「ご近所のつながりをどんだけ持ってんの？」って話や。そういう「ご近所づきあいがいかに必要か」って話こと、子どもにも教えなアカン。

話はちょっと変わるけど、運動会に万国旗が禁止になってるのも、同じような理由やで。「最近は外国の子も学校にいます。だから、万国旗にその子の国の旗がなかったら、差別になりますから」って先生。そんなもんつけたらエエやん！その子の国の旗。たったそれだけの理由で、運動会の空にはためく万国旗がなくなったんやから。運動会を盛り上げる演出にもなる、大切な旗やのに。ワケわからん！

……で、弁当の話。運動会の弁当を復活させようと思っていた。必ず **「突撃‼ となりの昼ごはん」**（某テレビ番組のパロディー）をしようと思っていた。これは、僕が大きなトレイを首から下げて、「あー、それおいしそう！ちょうだい！」って、お弁当の時間に回るパフォーマンスや。たまに、おかずの物々交換したり。でもそれは、「誰かつまんな

さそうに食ってるヤツおらへんかなぁ」ってチェックする、実はパトロールなんや。僕と「パトロール佐藤」っていう、空手やってるお父さんを中心に、ほかのお父さんも手伝ってくれて、「ほんなら、パトロールしましょ！」って実現したんや。PTAのお母さんは、「突撃‼ となりの昼ごはん」って書いてある大きなしゃもじまで作ってくれた。

こうやって2年目の運動会は昼の弁当が復活し、結局評判もよく、なんの問題もなく終わった。そこであらためて思った、「なんで学校は弁当をあきらめたんやろ？」。ところがや。1件だけクレームがついたことが発覚した。それは何かと言うと、「みんなレモンさんと結構しゃべってたけど、うちの子は、いっぱいしゃべれなかった。差が出るから、あんなんやめたら？」っていうオヤジがおった。僕は「ナニ〜、こらぁっ！ おんどりゃぁっ！ ほんだらおっさんは、子どもたちに思い出を作ってやろうって、何か運動会に参加したんか‼ **何もせんヤツに限って、文句ばっかり言うんじゃあ‼ アホか‼**……ってキレたかったのを抑えて、「がんばって、出来るだけ同じぐらいみんなにしゃべりかけよう〜」と、考えることにした。

「人に負けないモノを持て」と母親に言われ……

シュウ 今日はレコーディング中に時間取ってくれてありがとう。
桜井 原稿、面白かった。
シュウ あ！ネットで連載してた原稿、読んでもらった。
桜井 そう、すっごい面白かった。ちょっとジーンときた。
シュウ マジで～！うれしいな。どこらヘンが？
桜井 「一艘の船」のところとか、あと、「運動会」のこととか。
シュウ そーかぁ。うれしいなぁ。
桜井 でも、まだうちの子は、幼稚園にも行ってないからね。
シュウ 子どもはいくつ？
桜井 1歳と4歳。
シュウ 幼稚園、入れるんやろ？
桜井 入れる、入れる。
シュウ 幼稚園で「お父さんバンド」とかやれば？
桜井 やりたい！でも、そんなの出来るのかな？
シュウ トータス松本が幼稚園でやってたのよ。
桜井 へぇ、やりたいな。
シュウ で、これはみんなに聞い

てんやけど、ここまで生きてきて、今、感謝したい人おる？
桜井 まずはうちの両親かな。ホントに勉強出来ない子だったけど。
シュウ えっ？勉強？
桜井 俺、いやいや、ウソついて。キミ、頭エエやん！（笑）
シュウ いやいや、もうホントに出来なかった。でも、スポーツは出来たから。とにかく「何かひとつ『これだけは負けない』というものを身につけよう」ということを、親に言われていた。
シュウ いくつぐらいのとき？
桜井 小学生のとき。体育の成績だけはよかった。負けられなかった。それがあったから、あまり物おじせずに、健全でいられたんだと思う。あと、親が口ぐせのように言ってたのは、「あんたは出来ない子じゃない、ただ、やらないだけだから」って。
シュウ それを口ぐせのように？
桜井 うん。基本的に教育のことは母親が担当で。
シュウ お母ちゃん、「勉強せぇ」とは言わへんの？
桜井 言われた記憶が全然ない。

「あなたは出来ない子じゃない」と、支えてくれた、母の言葉

桜井和寿
Mr.Children

音楽で人の心を支えるだけでなく、環境やエネルギー問題にも取り組んでいる、Mr.Childrenの桜井さん。幼少時代は、「勉強が出来なくて、ガキ大将で、わりと問題のある子どもだった」という。その成長の背景には、「何か人に負けないモノがあればいい。あなたは出来ない子じゃない」と支え続けた、母親の言葉があった。

Kazutoshi Sakurai × Shoo Yamamoto

シュウ エ〜、マジで！

桜井 工務店の子どもだから、周りは職人さん。それもあると思う。「何かひとつ、手に職があればいい」みたいな。

シュウ じゃあ、どういう部分に感謝する？

桜井 やっぱり、「あなたは出来ないんじゃない」というふうに言われなかったのもそうだけど。勉強に対して「やれ」と言わなかった。勉強に対して「やれば出来るんだ」ということを、植えつけてくれたんだと思う。

シュウ オヤジは？

桜井 父親は……、あんまり印象ないけど、ただ、すごい怖い存在としてあったのかな。

シュウ 怖かった？

桜井 でも、直接暴力ふるわれたことはないし。

シュウ そやのに、何で怖いっていうイメージがあったん？

桜井 父親は、ボクシングや柔道をやってたみたいで、それをたまに見せつけてたような記憶が……(笑)。ケンカのやり方を教えてもらったりとか。

シュウ うそ！ どういうこと？

桜井 巴投げのやり方とか。

シュウ 「巴投げはこうつかんだらな、こう持ってな、こうやって投げたれ！」みたいな。

桜井 そうそう。蹴るふりして殴るとか、そういうヤツ。

シュウ 蹴るふりして殴ったら、こう持ってな、こうやって投げたれ！」みたいな。

桜井 ハハハ！ あと、いい先生には、結構出会ってるねん。

シュウ マジで？ どんな先生？

桜井 僕は、勉強出来なくて、クラスでもわりと問題があるタイプの生徒だったんだけど。

シュウ え、ホンマに？

桜井 うん、小学生のとき。

シュウ 何が問題あるの？ やっぱり、スカートめくり？

桜井 スカートめくりはすんごいしてたけど(笑)、そういうのとちょっと違う。

シュウ 学校来ィへん？

桜井 学校は行くんだけど。どっか行ってまう？ 先生の進めようとしている授業を無視して、ひとり、「絵を描きたい」と言って描き出すとか？

桜井 ハハハ！ 小学生だからね。

そこまで悪いことはしないけど。まぁ、いたずらっ子の度が過ぎるぐらいかな。

シュウ ガキ大将なん？

桜井 だったですね。

シュウ そういうふうに見えへん。

桜井 ガキ大将っぽくなったとき、ある先生が、とにかく僕を、使おう使おうとしてくれたの。

シュウ 使おうと？

桜井 たとえば、僕を学級委員長にしたりとか。

シュウ 「桜井、お前やれ」と。

桜井 うん。ほかにも給食担当をやらせて、それをすごく褒めて、うちの母親に伝えるとか。あと、僕の夏休みの工作を、「すごくいいから私にちょうだい」とか言ってくれたり。

シュウ 女の先生や。

桜井 女の先生。

シュウ 「これいいから私にくれない？」って言うのや。うわ〜、うれしいな。それで「だめ」って言うのやろ(笑)。

桜井 言わない(笑)。

シュウ 「絶対あげへん、そんなに褒められるのやったら自分のものにしとく〜」って。違うか？(笑)

違う、違う。その先生は自分にとって、影響が大きいかもれない。

シュウ 小学校の何年生のとき？

桜井 5年生。

シュウ 5年生、6年生と見てもらったの？

桜井 そう。人に気づかれないように、すごく自分を認めてくれて評価してくれた。ある日呼び出されて「学級委員したらどうかと思うんだけど」って言われ、自分は「興味ない。やりたくない」と言ったら、「あんたにはちゃんとリーダーシップを取る力があるから、やってほしい」と言われて。

シュウ 説得してきたんや。

桜井 それでやってたら、クラスのみんなが、ちゃんとついてくるし。

シュウ その先生は、個人的に桜井のこと、ちゃんと見てて、桜井も、「あ、僕のことを見てるんや」って感じられたんよね。ほかの子に対してもそうやった？

桜井 もちろん。

シュウ ひとり、ひとり、もちろん。

桜井 うん。でも、特にね、出来ない子とか、ちょっと体が不自由な子とか、そういう子に対しては

Talk Session

Talk Session

桜井 ごく気を遣ってたのかな。その先生に怒られたことない?

シュウ いっぱいある。

桜井 そのときショック受けへん?「あんなに俺の作品褒めてくれてたのに、こんなことで怒りやがって、もう二度と作品なんか作るか〜」って。

シュウ 怒られた記憶は、あんまり悪い記憶として残ってないかな。

桜井 つまり、怒られた理由が自分にあると、ちゃんとわかってたっていうことやな。

シュウ うんうん。

桜井 ちゃんと納得する怒られ方やな。

シュウ 要は、先生の愛情がちゃんと感じられたから。俺が本筋からアウトしてたから、それを救おうとしてくれた。

桜井 その先生、親の間でも有名やったやろうな。

シュウ いや、そうでもないかも。

桜井 ホント?

シュウ うん。

桜井 親って「あの先生はエエ先生みたいや」ってすぐわかるからな。

シュウ でもね、大人になってから、親ともそういう話をしたことあるけど、あんまりその先生がいい先生だったという印象は、ないみたい。

桜井 へ〜、そこ面白いなぁ。

シュウ だから、すごくさり

子どもの財産は経験。いいことも悪いことも

げなかったんだと思う。

シュウ お袋さんには怒られた?

桜井 いや、全然。あんまり怒られたことないかな。

シュウ うっそ〜。

桜井 姉がいるんだけど、姉弟ゲンカしてても、「やれ、やれ、やれ〜!」って言って。

シュウ え?

桜井 包丁出すような姉弟ゲンカしても。お姉ちゃんに対して俺が包丁持って行くんだけど、「やれ、やれ、やれ〜!」っていうような母親だった。

シュウ うわ〜、すごい。何がすごいって、お母ちゃん、見抜いてるのよね。「やれやれ、刺せるものなら刺してみい」っていうことやな。逆に拍手したるわ」って。なぜなら、無理。なんぼ、お姉ちゃん好きやから、あんたは心底やさしい子やから、刺すことはでけへんねんって。

桜井 それはあるかもしれない。この間、トイレに入ったときに思った。よく「トイレをきれいに使

いましょう」というのがあるでしょう。じゃなくて、そこには、「いつもきれいに使ってくれてありがとうございます」って書いてあって。「いつもきれいに使ってくれてありがとう」って言われたらもう汚せないでしょう?

シュウ それ、それ。

桜井 褒められると、悪いこと出来ない。で、「やれ、やれ〜」って言われながら、しばらくやっていると、どっかから父親が出てきて怒る。そんな感じだったかも。

シュウ オヤジさんがお袋さんを怒ってるシーンは?「お前も止めないか」とか。

桜井 それはない。あとあと聞いたら、夫婦ゲンカは子どもの前ではしないというのを……。

シュウ あ、決めてたんや。

桜井 そう、決めてて。

シュウ そう、夫婦ゲンカはアカンで。やっぱり家族は楽しいほうがエエ。桜井家は夫婦ゲンカすんの?

桜井 もう、しょっちゅう。

シュウ 何でよ?

桜井 ささいなことで。

シュウ ホントささいなことで。でも、子どもの教育の仕方とかも。夫婦ゲンカも、たまに見せるのは

Kazutoshi Sakurai × Shoo Yamamoto

シュウ いいんじゃないかな。

桜井 これも人間だという?

シュウ うん。社会に出たらいくらでもあること。隠すのもおかしい。

桜井 そうやね。もめ方の見本みたいなものになればいいよね。

シュウ なるほど。ただ、俺は、あんま見本になる気もないのかな。

桜井 「パパはこういうヤツや」ってさらけ出す。

シュウ そうね。何が子どもの財産かと考えると、経験なんだろうなと思って。

桜井 子どもの財産は経験。たとえば?それは何でも?

シュウ この本にもあるけど、「片親の子はかわいそう」なんていう人もいるけど、だったら、どの子も両親揃ってて、欠点のある子もいて。でもそれは、みんなで補い合いながら、バランス取っていくのがコミュニケーションっていうかさ。もちろん、どれか秀でてた子がいたら、何かがそうじゃないと思うの。何かが秀でてた子がいたら、「それがすばらしい」かと。「それがすばらしい」かと、いったら、僕はそうじゃないと思って、教室はそんな子ばっか集まっても両親揃ってて、どの子もスレてない子もいて。でもそれは、みんなで補い合いながら、バランス取っていくのがコミュニケーションっていうかさ。もちろん、どれか秀でてた子がいたら、専門家が、もう突き詰めていくのが理想とするかというイメージは、何となくあってもいいとは思うけど、ホントに理想どおりになって環境によかれと思って突き詰めてやるでしょ。でも、別のところじゃないのにしたかったりっていうのと、あとは「チルドレン」という響きが面白いなと思って。

桜井 なるほど。

シュウ 戦争とかをよく撮っているカメラマンのロバート・キャパさんの作品で『戦争・平和・子どもたち』っていう写真集があって。それと、戦争とは関係ないんだけど、エリオット・アーウィットさんの写真も好き。すごく幸せな写真を撮るのが、特に子どもの写真を集めたものが、すごく好きで。実は、自分の好きなモノの中に「チルドレン」という言葉が入ったのが多かった。

桜井 それは、バンドを組む前から見てた写真集?

シュウ うん。それは、母親から与えられたのかもしれない。

桜井 え?お母さんが見せてくれたの?

シュウ 何か変わってて。

桜井 お母さん、面白いね。

シュウ うん。突如、「ローリング・ストーンズ詩集」みたいなのを見せてくれたり。

桜井 お母さんが?

ど、ホントに理想どおりになって環境によかれと思って突き詰めていくんだから、片親の子もいて、両親いるけどケンカばっかりしてる子もいて、それぞれ傷とか自信とかありながら、何か補い合っていくんだろうね。だから自分も、「教育とはこういうふうにあるべきだ」とかは決めつけたくないというか、最終的には「どうにでもなるモノ」って思う。

シュウ なるほどね。今のはすごく、人間らしい答えよね。人間くさいというか。その話、すっごいわかるのが、夫婦でもそうやねんなぁ。「あ、コイツのムカつくところあるけど、これがあるからここで救われてんねんな」みたいな。そういう意味でバランスが取れて、すごくお互いがいいところを引き出し合えるっていうね。そこに、必要やなと思うのは、やっぱり「包容力」なんかな。「愛」なのかわからんけども。

桜井 ★1 apバンクで環境のことやってても、そういう想いがある。詰めて、「これだ!」っていう答えを見つけて、環境によかれと思ってやるでしょ。でも、別のところで環境によかれと思って突き詰めたモノとぶつかり合ったりする。

シュウ それはあるな。

桜井 だから、そうやって突き詰めていくことって、どっかで間違っているのかなとも思う。理想どおりっていっても、それが必ずすばらしいことではない場合もあると、ちゃんと可能性として考えに入れておかないと。

シュウ それ、全部理解した上でやっているのが、みのもんたの番組やで(笑)。

桜井 あ〜、なるほど、なるほど。

シュウ トマトがいいと言ってみたり、豆乳がいいって言ってみたり。

桜井 トマトはこういうのにいいけど、逆に「トマトが怖いんですよ」っていう日もあったり。

シュウ 「どないやねん!」っていう。

音楽があったから、今の自分と家族があるって思う

シュウ ところで、くさるほど聞かれていると思うけど、「ミスターチルドレン」っていうのは、どっからきてるの?

桜井 バンドって「The」で始まるのが多いから、「The」じゃないのにしたかったっていうのと、あとは「チルドレン」という響きが面白いなと思って。

★1 桜井和寿、小林武史、坂本龍一の3人が拠出した資金を、自然エネルギー、省エネルギー、環境に関するさまざまなプロジェクトに融資する機関。

Talk Session

桜井 うん。自分がストーンズを知らない頃から、そういうのを知らない頃から、そういうのを読んでて。表紙が口の形だったから「何だろう、これ？」って。子どもだったから、「ちょっといやらしいのかな」なんて思ってたり。
シュウ それで飛びついた（笑）。
桜井 ストーンズを知ってから、「あ、ストーンズをやらしいから見たい」とか思ったりして。
桜井 イラストがいやらしいから見たい」とか思ったりして。
桜井 イケてるお母さんやなぁ。
シュウ じゃあ、子どもの頃、イヤな思いした記憶ない？「大人にこんなこと言われたんですよ」とか。
シュウ あんまない。
桜井 ないのや。
シュウ でも、やったことを、今、すっごく後悔しているのはある。
桜井 ガキ大将やから、いじめとったな。
シュウ いや、いや、いじめじゃなくて、たとえば壁当てとか。野球やってたから、ほかの人の家にボールを壁当てしてたの。
桜井 塀ね。塀の壁？
シュウ 塀でも、すぐそばに家が建っているような塀に。

シュウ 怒られへんの？
桜井 いや、今ね、怒られるんだけど、「ごめんね、今ね、赤ちゃんが寝てるから」って言われるぐらいで。そのときは何が悪いのか全然わからなくて、「別にいいじゃん、赤ちゃん寝てたって」って思ってたんだけど、今、子育てしてると、あの人どんだけ腹立ってただろうなと思って（笑）。
シュウ 自分やったら何て言うんやろ。
桜井 ホントに怒ると思う。今でも、うるさいバイクが通るだけでムカッとするから。
シュウ わかる、それ。それみんなそう思うんやで。だから、高速道路の看板には「静かにしてください」って子どもが寝てる絵が描いてあるやんか。

桜井 言えないですね（笑）。ホン

桜井 特にな、夜泣きがひどい

子がおったら、お母さんは、「殺したろか」と思うらしいよ。
シュウ うん、ホント、ホント。
桜井 ホンマに。ノイローゼになるもん、それだけで。
シュウ うそ!?
桜井 ホント、ホント。
シュウ そこ、せめぎ合いやね。ちょうど分岐点やね。
桜井 子どもも「うるさい」って言うの。曲を思いついて弾いてるときに。ギターの弦を「ボン」と押さえるワケ。
シュウ マジで？
桜井 ホント、「ぶっとばすぞ、この野郎！」と思うけど（笑）。
シュウ そりゃそやわ。
桜井 ギター持った瞬間に、「パパ、○○しようよ〜」って子どもに言われる。子どもは俺と遊びたいんだよね。絶対来たい。
シュウ そやろうな。

トに。この間、大ゲンカしたんだけど。それはね、ギターを弾いてたら、「ギターを弾くな」って言われて。
シュウ うん、ホント、ホント。ミュージシャンってな、「俺、ミュージシャンやから」って言うてな、子育てに対して、「そういうのは嫁がすることや」みたいに言う人がおるのな。それは奥さんも、「いや、いいんです。うちの旦那は、ミュージシャンでいていただいて」っていうヤツはエエけど、夜泣きしてたら、「うるさいな〜、何とかせぇ！」って言うヤツおるねん。そういうこと、言ってるのとちゃう？
桜井 僕、ちゃんとその辺はしてるの？
シュウ ちゃんとその辺はしてるの？
桜井 今までは「家族と仕事どっちが大事」と聞かれたら、「家族」って答えることになっていたワケ（笑）。実際、そう言ってたんだけど、俺、ひょっとしたら、仕事大好きかもしれない。音楽好きだし、俺。でも、ある時期、「もう音楽はわりとやること

azutoshi Sakurai × Shoo Yamamoto

シュウ やったから」って……。

桜井 え!? そんな時期があったんや?

シュウ 「いや、おごってたな」と思ってる。音楽があったからこそ、今の自分があるし、今の家族があるワケで。だから、しっかりと音楽をやらなきゃと。

桜井 すごく思ったのね。でも、今は「家族を取るか、音楽を取るか」って、ふたつを天秤にかけること自体、違うんかもね……。

今より環境が悪くなっても、それに対応する力が大切

シュウ ちゃんと改心してや。夫婦のためにもね。でも、あれやなあ……、そういうところと戦争みたいなものが、全部つながっていくんで。結局、日常生活でどういうものを口にしてとか、どういうふうにごみの分別をしてとか、自分の身近な問題をきちっと考えていくことを、今はいちばん大事にしているのかもしれないですね。

桜井 そのきっかけは何? 子ども出来たから? 守るもの持ったから?

桜井 子どもを育てていくうちに、よりよい未来になってほしいなと思ったのと、あとは9・11のテロがちょうどリンクして。

シュウ あれ、大きかったね。

桜井 僕が何よりもびっくりしたのは、人間の思考の許容範囲ってこんなちっちゃいのやという。だって、あの事件は何が起こったのか、最初理解でけへんかったわぁ。

シュウ そうですね。

シュウ 子どもによりよい未来を、せめて現状と同じような未来を残したいなと思ってはいた。もちろんそうなればいいけど、最近は、そういう未来が来なかったとしても、その中で楽しく生きていく術を身につけてもらうのも大事だなと思ってきた。どうしても大人って考えること。だってな、「桜井くんは環境に興味あります」って言うだけで、「僕も興味持とうかな」って思う人が大勢いるんや。ただの入り口でもエエねん。

桜井 apバンクを立ち上げたこと自体は正解だと思う。でも、じゃあどういうふうに行動を起こすかっていう、そこから先はわりと言えないなというか。さっきも言ったように、俺はこうするけど、それが正解じゃないかもしれないからこっそりやる。「ごみの分別

シュウ 大切なことやで。そうやってな、「桜井くんは環境に興味あります」って言うだけで、「僕も興味持とうかな」って思う人が大勢いるんや。ただの入り口でもエエねん。

してます」ぐらいは言うけど。

シュウ 僕な、そういう活動をしている人らにいちばん言いたいのは、みんなそう悩むし、真剣やからこそみんな考えあぐねるし、みんな発言をビビるけど、「桜井、言ってまえ」と思うねん。よう分からんけど、僕で出来ること、こうです。もし何か文句あったら言うてきてください。あらためますから。ただ言うとくけど、何もせんと文句だけ言うヤツはしばくで、ということやと思うねん。行動するには勇気がいる。傷つくこともある。でも、いちばん卑怯なのは、人のやることを文句だけ言うヤツ。そう、いちばんダメなのは、意識がなくて無反応でいること。

桜井 まだ突っ込んでくるヤツのほうが脈があるもんな。

シュウ そう、いちばんダメなのは、意識がなくて無反応でいること。

桜井 まあ、その無反応と同じくらい、理想を突き詰めて一直線で進んでいくのも危ないなと思ってるけどね。

自分を深く掘り下げれば、世の中の問題に当たる

シュウ 僕、最近特に思うんやけどな、たとえばやな、世界を知る、

Talk Session

桜井 人間同士を知る、人間同士がどうやったら仲良くなるかとか知るために、実は最小単位の自分のことを見ることが、宇宙全体を見ることとちゃうかなってすごく思う。

シュウ ホントに、ホントに。だからよく、「何で俺が考えていることを歌にしているの?」みたいなことを言われるけど、「それはあなたのことを思って書いているんじゃなく、自分自身をすごく掘り下げて書いているから」って思う。たぶん、自分を掘り下げれば人間、誰しも持っているものに突き当たるというか。「それを書いているからだろうな」とは思ってて。だから、自分を見て知っていくことと、世界を知っていくということは、すごくつながると思う。あとは環境のこともそうだけど、自分の足元と世界はつながっているんだということをイメージ出来ると、日常が変わってくるというか。

桜井 うんうん。

シュウ それから僕の歌詞は、たぶん、いつも答えは絶対出していないと思う。

桜井 投げかけや。

シュウ ラジオもそうだけど、音楽も、って想像力のモノだから、聞き手が勝手に想像出来ると思うんですよ。「ガラスのコップ」っていって、短いコップを想像する人もいれば、長いコップを想像する人もいるし。だから、たぶん、投げかけた問題に対して勝手にリスナーは答えをイメージするんだと思って。だから、僕が明確な答えを持っていないで投げかけても、受け取り側は何らかの答えを想像して作り、僕がまるで答えを持っているかのように伝わるかもしれない。でも、僕自体は実は迷ったまんまで。それでいいと思うし。

シュウ ファンにとってミスチルは、「何か一緒に悩んでくれてる人」といった部分もあると思う。「あぁ、僕の迷いを、桜井くんが表してくれる」っていう。「これが答えや、ついてこい」っていうんじゃないよね。

桜井 「僕らもこれだけ迷っているんだよ」って。

犯罪の起こる社会は、その社会にいる自分にも責任が

シュウ 桜井くんもひとりの親なワケ。何や、ニュース見たら、子ども巻き込むニュースだらけや。ひとりの大人としてどんな思いになってる?

桜井 まずは、「何があっても子どもは守る」っていう気持ちはある。

シュウ 僕らが守るなぁ。

桜井 それと「そんなビクビクしてもしょうがない」っていうこと。

Kazutoshi Sakurai × Shoo Yamamoto

桜井 しょうがない(笑)。なったらなったで…。命を落としたらそれはちょっと大変なことだけど、遭ったら遭ったで、たとえばいじめに遭ったらとかだって、遭ったなりの経験が出来るだろうから、それも活かしてもいけるだろうから、きっと。だから、「経験は財産だな」と思って、そう思っていれば何でもプラスに変えていけると思うし。

シュウ それはたとえば、あやしい人が学校に来ても、ということでした。でも、恐怖体験をした。それで、無事でした。でも、恐怖体験をした。

桜井 そういう事件があったときのニュースって、「学校の警備のほうに問題がありました」って言って、とにかく、何とかその原因をどこかに向けないと、話が完結しなくなりがちでしょう？

シュウ うん。

桜井 でも、その責任って実は、確かにそういう警備上の問題が学校側にあったかもしれないけど、そういう事件が起こってしまう社会、もっと突き詰めれば、その社会を作っている自分にも、責任の一端はあるはずじゃない。それをちゃんと考えていくべきだと思うと。

うん。それは答えが出なくても「あるんじゃないか？だったらどういうふうにシフトチェンジしなきゃいけないか？こうすればいいかもしれない」というイメージを多少なりとも持つことだと思うの。でもニュースは、「警備が不行き届きでした」って思ったり、「安心した、私のせいじゃなかった」って思って、それで終わりだと思うの。だから警備どんなに手厚くしても同じことが繰り返されるし、それを破る人も増えていくとは思うし。

シュウ いや、まったく同感やわ。その空気は周りに広がってて、あるいはそういうことを言うのはちょっと言いにくいとか。

桜井 いや、言いにくいんじゃなくて、みんなの責任だって俺が考えればいいこと。逆に言えば、またそういうことをもっと報道したりすることは、また次の甘えを生みやすい可能性もあるでしょう。たとえば、「親から虐待を受けた子は、自分の子どもにもやるっていうふうなデータが出ています」、俺も子どもにカッとくること

があるし(笑)、ひょっとしたら、虐待する可能性がないとは言えないけど、でも踏ん張ってるじゃない？だけど、どっかで、「私、親にそういうことをやられたことがある。だから、やっても親にそういうことをやっても、そういうことをやっちゃってるじゃん」ってやっちゃってるじゃん」ってやっちゃう人も出てくるから。いろんなデータを、もちろんすごく知りたいと思うけど、どこまで知っていいのかというのが難しいところなんだなと思う。

シュウ ホンマ、同感やわ。やっぱりアーティストというのは時代を心の目で見てるなぁ。すごいわ。

トークセッションを終えて、山本シュウのひとり言

はい、やっぱり僕の思うたとおりですね。アーティストは何か理屈じゃないところで時代を肌で感じてて、これを僕はね、「心の目で物事見てる」とか、そういうふうによく言うことがあんねんけど。ほんで、アーティストみずからも常に悩んでんねんなと。それをただ曲として投影することが、こんなに人を支えるんやなというね。

このインタビューの中にも、いっぱいヒントあったと思うなぁ。

桜井和寿（さくらい・かずとし）
1970年生まれ。東京都出身。
Mr.Childrenのボーカリストとして、92年5月ミニアルバム「EVERYTHING」でデビュー。作詞・作曲を手がけ、「innocent world」、「Tomorrow never knows」、「名もなき詩」、「Sing」など数々の代表曲を世に送り出し、多くの支持を得る。03年プロデューサー小林武史とともに環境プロジェクトに融資を行う市民バンク「ap bank」を設立。04年ap bankの可能性を広げるためBank Bandを結成し、Cover Songs Album「沿志奏逢」をリリース。

Talk Session

夏休みのラジオ体操に子どもが集まらんからっちゅーて、モノでつるヤツがあるかぁ！

みなさんは、夏休みのラジオ体操って、最近どうなってるか知ってます？

僕らの時代のラジオ体操っちゅうのは、毎朝6時半に行って、カードにハンコもらって、そんで全部行ったらノートとかもらったやんね。ところが最近は、一応カードはくれんねんけど、それ、意味ないねん。だって、**ラジオ体操毎日ないねんで。**1学期終わって、2日ぐらいやるねん。ほんで一旦終わんねん。ズボーッと真ん中開いて、そろそろ夏休みボケを解消せなアカンかなぁーって頃、学校始まる2日前に再開する。

それも、子どもが全然集まらへんねんて。

それで大人たちが何したかと言うと、「プレゼントあげます」って。全員に、それも毎日。毎日プレゼントもらうねんで！ おもちゃとかマクドナルドの割引券とか、銀行からもらった鉛筆とか。大人がそういうの一生懸命集めに行くんよ。それをセットにしてあげるんやて。僕はそれを聞いたとき、**「えぇぇ〜！？」**ってビックリ

した。**「集まらへんいうて、それ、モノでつるってなんやの？」**って思うよね。これも何とかせなアカンって思ったんよ。

PTA役員　「じゃあ、どうやって集めるんですか？」

レモンさん　「やっぱぁ、話題性ちゃうかなぁ〜」

PTA役員　「話題性って？」

レモンさん　「要するに、行ったヤツにしかわからへんことが、朝起こっているっていう空気よ！」

わかる？　この空気？（以下想像……）

子どもA　「えーー‼　ラジオ体操で何か起こってるって⁉　レモンさん来て、なんかやってるらしいでぇ！」

子どもB　「えーー！　それどういうこと？」

子どもA　「行ってみなわからへん」

子どもB　「よし、行ってみよう！」

（そして子どもたちラジオ体操に参加）

子どもA&B　「朝早く起きたら、なんか得した気分！」

……みたいな。最初、「体操終わったあと、『空き缶のつぶし方講座』やるとか」ってなって。ほんで「何する？」こんな意見が出とった。

レモンさん　「いや、エエねんけど、それちょっとインパクトないなぁ」

PTA役員　「なら夏休みだから、ボーイスカウトが習う『ひものくくり方講座』とか」

一同　「うーん……」

レモンさん　「たとえば **『レモンさん体操』** っていうのがあってね。そこに行ったヤツしかレモンさん体操知らんとか」

レモンさん以外　「それでいいじゃないですか！」

……ってあっさり言われて。僕は「レモンさん体操」を作らなアカンようになった。

それでダメもとで、capsuleっていうプロのユニットの中田くんに頼んだら、快く曲を作ってくれた（大感謝！）。なんと、テクノ調の「レモンさん体操」。それをラジオ体操のあとに「覚えてヤー」ってやったんや。

ただ、僕だけやってもアカンから、「僕が立ってる朝礼台の横に、必ず3〜4人ぐらい、『レモンさんの仲間』みたいなのがいたらどうや」ってなって。その仲間の愛称を考えることになった。それで、僕がレモンさんを始めて、娘に『小レモン』って言われたことあるけど、気にしてへんよ」って言ってたのを思い出した。「よっしゃ、コレや」と。そんで、**その子どもたちを「小レモン隊」って名づけたんや**。で、小レモン隊は被りモンはつけられへんから、腕につけるレモン大のかわいいマスコットを、お母さんたちが作ってくれて。しかもそのレモン、顔もついてんのよ！ かぁわぁい〜い〜!! 小レモン隊になったら、それをもらえるワケよ。そしたらみんな「それいい！ ちょうだい！」って言うてるんやけど、「ダメ〜。小レモン隊だけ〜」って言うてはしゃいでる。

その小レモン隊がレモンさん体操をコピーして、「小レモン隊集合!」って僕が言うたら、バァーーって現れて。「はい、みんな。小レモン隊見ながらやってね! ♪デデデデデデデ……♪」。そしてこの体操は最後に足ジャンケンして終わるんよ。「♪ダダダダダダダ……　ジャン!　ケン!　グゥーーー!　やったーー!　勝ったーー!」って。子どもたちがそこで盛り上がる。勝ったから何っていうのはないんやけどな（笑）。

そしたら「小レモン隊になりたい」っていうヤツが増えてん。ラジオ体操の雰囲気がちょっと盛り上がってきた。

けど日数があまりにも少ないから、僕のレモンさん体操の音源を、みんなが「貸して!」って言うから、それを人から人へ回してたら、どっかいってもうて!!「誰に貸した? 貸して!」「どこにあんの?」ってなって、紛失したんや（必ず見つかるはず!）。それで2年目からでけへんかってん、レモンさん体操。続けてればなぁ、効果あったんやろうけど。1年しかやってないから、効果見るまでもなかった。多少の反響はあったよ。子どもたちが「レモンさん体操やって!」って言うてたし。

それとちょっと失敗やったんは、最初、ダンス好きな自分の娘に振りをつけさせたら、むっちゃ難しい‼「でけへんよそんなん‼」っていうのを作ってきたので、「もうちょっと簡単にしてくれる?」と。それでも、もともと曲のリズムが速すぎたんやね。親がハァーハァー言うような体操になってしまった。朝から大人をダウンさせては、もともこもないよね。

まあ結果的には「レモンさん体操」はアイディアとしてはよかったんやけど、詰めが甘かったんやな。そう、この回はあえてレモンさんの失敗の話で、いかに**PTAは「時間とアイディアの勝負か」**ということを、わかってもらえたらな〜と思ってます。

それでも、とにかく間違ってるよねー。子どもをモノでつるって……。あきらめへんぞ〜。

PTA会長が集まる会議やのに、何にも意見交換がない。そんなの大人ぶってる卑怯者や！

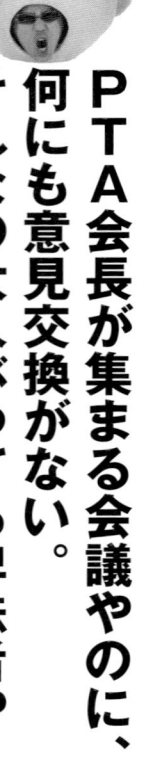

僕がPTA会長1年目のときに、世の中を震撼させる事件があった。それは「池田小学校事件」と呼ばれ、男が小学校に侵入し、児童・教師を殺傷した事件やった。そこで僕の地区でも、緊急PTA会長会みたいなのが招集されて、当然、防犯のことで話が白熱するんであろうと思って参加した。ところがPTA会長会っていうのは初めてや。どういう世界かわからん。ま、とりあえず様子見で、会が始まっても黙ってた。

そこには、教育委員会からふたりが来てて、その人たちは「先生」とか呼ばれてる。まずそういう世界が嫌い。何が「先生」やねん！ **お前らがトロイから、僕らが困っとるんじゃ、ハナクソッ！** ナニ、『先生』言われとんねん、タコッ！って。

それでその「先生」が話し始めた。

「私ども教育委員会では、この事件が起こってすぐ召集され、会議を行いました。そ

してもうすでに、各学校に先生の人数分プラス10個の防犯ベルをお配りさせていただきました。そして、教育委員会の見解としましては、各学校、環境の差がございますので、どうぞ、それぞれに適した防犯対策を早急に話し合っていただきたいと、こう思う次第でございます。ありがとうございました」

そこですかさず議長は、「教育委員会の先生方は、このあと時間がございませんので、ここで退席ということで……。先生、ありがとうございました」って言うて、シラーッと帰りはったんや。やっぱりタコヤ！「先生」は「どうも、失礼します」って。

「ハァ～～～ッ!?」って僕は思うた。**始まったばっかりやん、この会!! ナニ帰しとんねん!!**。ほんで周り見たら、誰も何も言うへん。「エッ!? これ何!? この会議はいったい何!?」と。「僕のイメージが間違ってたワケ!? これ連絡会？ 何？ そもそも先生に防犯ベル配るって、子どもに配らんと意味ないやん!」って思うてたら、「これから子どもたちを守る意見交換をしたいと思います。みなさん、何か意見はございますか?」と議長。でも集まったPTA会長からは、ひとつも手が挙がらへん。ろくに意見を待ちもせず、議長は、「えー、どなたも意見がないようですね。というワケでございまして、防犯に関しては、教育委員会からもございましたように、みなさんの学校、地域でそれぞれ話し合われて、

対策していただきたいと思います。さて、次の議題でございますけど……」と。

なんや!? 僕はほとんど条件反射的に**「ちょっと待ってください!」**って手を挙げた。そして興奮してるもんやからバァーンッて立って、「なんなんですかぁ、この会議は!? **何をみなさん『大人ぶってる』んですかぁ!?** ハァ〜? この会は、我々が保護者を代表して来てる会長会ちゃいますの? 防犯対策の話やぁーいうて聞いたから、いっぱい意見交換されると思うたら、誰も手を挙げへんと」って大声出してた。

ほんだら「あ、ちょっとすみませーん」ってザーマスおばさんが立って、「あのー、山本さんっておっしゃいましたっけ? 会長は……確か1年目でらっしゃいましたよね?」って言い出した。僕はぶっきらぼうに「ええ」って答えて。そしたらオバハン、「あぁ……。あのー、私もそうでしたけど。1年目はねぇー、よくわからないことが多いのでね。あのー、山本さんがおっしゃってること……わからないでもないですけども、ハッキリ言いまして、100%子どもを守るのはムリですから……」って言い出したワケ。そしたら僕は心の中に、「100%子どもを守るのはムリって言いよった。

……言いよった。……言いよった!!!」と、フツフツ怒りが込み上げてきて、

「**ほんなら、何のために集まっとんねん！……**」って叫んだ。腹立ち過ぎて、頭の中が、もうごっつう**プァァァァ〜ッ**てなって、フラフラになってるところへ、「ちょっといいですか？」って、これまたその隣のオバハン。「あ、山本さんですか？ あのー、それもあると思いますからね、いろいろ事情がありますから。それに、ほかの議題も話し合わなければいけませんし」ときた。僕は、それを言われている間に、ほかのお父さん連中見てたけど、だ〜れもそれに反発せーへんし、何にも言う人おらへんねん。僕は心の中で「なんやねん、このオッサンらも」って思うた。ほんで僕が、「えー、でも、今日は防犯対策のことで話し合うっていうて来たのに、こんなんでエエんですか？ 意見なしでいいんですか？ じゃあ勝手にやっていいんですね」。それでも、誰も何も言わへん。ほんだらひとりのお父さんが手を挙げた。「お、来た！ なんや？」って思ったら、どうやらおなじみの人みたいで、「ああ、あのね。まあまあまあ、山本さんが言うのも……。まぁ、私も同意見ですし、わかりますよぉ。まあそれにね、ここにいるお父さんお母さんは、子どもを守りたいと思ってることは確かですから。だから、どうでしょーねー。この話は、またぁ、それぞれ持ち帰って、日をあらためて話し合ってはいかがですかねぇ〜」って、これまた大人な意見言うワケや！ 僕にしたら「**はぁーーーーーん？**」みたいな。「アホみたい。こんなところ

でわめいたって、なんのクソの役にも立てへんわ。そんで、ハッ、いいですよ。ハイ、どうぞ。次の議題入って」って、僕はただ呆れるだけやった。そんで、しょーもない会議が終わり、みんなで机やイスを片づけた。そしたら、タタタタタァーーーッて人がきて、「山本さん！　あ、どうも。○○小学校の○○です。山本さんの言うこと、絶対正しいですよね。いやー、ホントに。僕もね、そうだと思うんですよ」って小声で言いよんねん。「あぁ……そうですかぁ……」って僕。腹ん中では、**「思うんやったら、手ぇー挙げぇ〜、ボケッ！」**って思った。そしたら次々と人が来るワケよ。「あぁ！」って。「あぁ！　山本さん、どうも！　私、○○小学校の○○で。ホント、そうですよね！」って。

「お前もハナクソじゃ！」って言いたかった。

ほんで頭キテ、僕は学校に帰って、「うちの学校は子どもたち全員に防犯ベル持たすぞぉー！」って言った。そしたら「いやー、会長。防犯ベルって1個なんぼしますの？高いですよ。そんな予算はPTAにはありませんよぉー」って役員が言うんや。僕は腹が立ってるもんやから、「ヨッシャー、僕が安い防犯ベル探したらぁー！」って。ガァーー電話しまくって。「あの、もしもし！？　防犯ベルありますか？　僕FM〜で番組やってます！　ラジオDJの山本シュウと申します！　イェーイ！　イェーイ！　あのね、お宅

の防犯ベルエエなぁ〜って言いますから安く入れさしてー！」って勝手なこと言うて。で、そこで、安くてかわいい防犯ベルを探し当てたんや。普通のおもろない防犯ベルとちゃうで。すっごいカワイイ形をしたネズミのマスコットの。音もしっかり出るし。ただ、その防犯ベル鳴らすのに、脚を引っ張って抜かなアカンねんけどな。ちょっと残酷やろ？（笑）僕は、朝礼に行って、使い方の説明までしたんやで。それにしてもどう思う？　教育委員会だか、PTA会長だかしらんけど、エエ大人が何の議論もでけへんで。大人って何やねん？　人前で自分の意見もよう言わんのがどこが大人やねん？　僕に言わせたら**みんなただの「大人ぶってる卑怯者」やんけ‼**

100％子どもを守るのが難しいのは、僕だってわかってるわぁー！　だから100％を目指して、諦めたくないんやろうが！　最初っから諦めてる大人がどんな社会を作れるっちゅうねん？**「冷静」と「冷酷」とを履き違えんなよ！**　大人っちゅうのはな、難しい問題を、さもわかったような顔をして諦めるんじゃなくて、子どもには解けない攻略法や、解決方法を見出せるのが大人なんや！　会長会に集まったヤツら全員が、**僕から言わせりゃ大人ぶった子どもや！**　ホンマ、日本の教育はそういうヤツらを造るための教育やったんか？　ますます学校から目が離されへんやんなー！

意見交換がまったくなかった会長会から3年後。なんとなんと奇跡が起こったんや!!

PTA会長1年目でしょーもない会長会を経験して3年後。再び会長会に行った。

3年前は学校の防犯対策でもめ、「各学校で対策しなさい」と言われたから、すぐに僕はPTAの予算で防犯ベルを買い、子どもたち全員へ配った。あれから3年が経ち、ついに教育委員会は、区の学校に通う生徒全員に防犯ベルを配布したんや。そのことについて指摘するチャンスが会長会であったんで、僕は再びぶちまけた！

「僕が言うてたようになったでしょ？ **こうやって防犯ベル配るまで、3年かかってまんねん！！！！** なんで3年前にでけへんかったんや？ 問題解決は急がなアカンねん！！！！ お役所仕事やからなんて理由にしたらアカンねん！」って、バァーッと言うて。そしたら、「ちょっとすみません。誤解のないように説明させてください」って手を挙げるヤツがおる。3年前、僕に「100％子どもを守るのはムリ」って言うたザーマスおばさんや！ いつの間にか、会長会の副会長にまでなっとんねん！

ほんで、前に座って議事進行やっとんねんに意見を言い出しとんねん!!! **何しとんねん!!!!** そして「山本さん。あなたは、こーで、あーで……」って、また言い出した。ほんで僕はブチ切れて、「思い起こせば3年前！この会議で、こんなことがあった！」って言って、ファーーーッてしゃべりだした。僕は「またひとりで、このおばさんとトークバトルせなアカンなぁ〜」と思っていたら……なんと、今回は違ったんや。周りの大人が、**バーーン！ バーーン！** って手を挙げ出して。もう、全員が僕の味方。援護射撃してくれた。そのおばさん、みんなに言われてんねん。「もういいんですよ。あなたこそなんなんですか？ 議長がそんな立場じゃないでしょ」って。そして、僕なんかが言わんでも、バンバン意見交換してるのよ。メッチャクチャ意見が出てくる。「もっと、もっと、この会長会を実のあるものにするには……」とか、「そもそもなんでいつも教育委員会の人は最後までいないんですか？ おかしいじゃないですか？」って、僕の言いたいこと全部言うてくれてる。**3年経って、やっとこんな熱いオヤジらが集まってる！**

僕は感動した。会議が終わって、みんなで飲みに行ったんやけど、そこで初めて知った。みんな3年前のこと覚えてたんや。中には、僕がPTA会長として教育長に食って

かかって質問している姿を見て、「PTAやろうって思ったんですよ！」って言う人までいた。素直に嬉しかった。そうやって、朝まで飲んだ。

そういえば、僕がぶち切れた3年前の会長会のとき、Y会長が嬉しいことを言ってくれた。その会議のとき、僕はY会長にも激しく抗議した。「会長も会長や！こんなんでいいんですか⁉」。そしたらY会長、熱くなってはったんや。「そんなん言うてもね！」って。僕、いつもそうやねんけど、**ぬるいところには、ワザと怒らせて揺さぶりをかけるんよ。**そうすると温度が上がって、結局いい会議になりよる。

で、会議が終わった後、一応、失礼やったかなって思ったから、Y会長に、「ちょっと熱くなってすみませんねぇ」って言いに行ったら、「いやぁー、よかった！」とか言い出すワケ。「いや実はね、僕も会長会の会長を引き受けてから、こんなお葬式みたいな会議じゃ意味ない、意見がいっぱい出るような会長会に絶対したいと、すごく思ってた。ところが難しかったんです。でも山本さんが入ってくれて、面白くなってきた。ぜひ、この調子でやってください」。

くーーーーっ‼ わかってくれてたんやなぁ。それからというもの、会長会の冒頭では、「はい、今日も山本会長来てます！」って言われて。冷やかされてんねん、僕。

その会長会の会長さんが、「運動会の弁当は絶対復活させなさい」っていう話をしてくれたんや。すごい熱い人。そういうドラマがあるワケやなぁ。

あっ、そ～や、そのときの会長会で、あれだけみんなに攻められたおばさんやけど、会議が終わり、僕はそのザーマスおばさんのところに駆け寄って、「すみませんねぇ。熱くなって。実は会議中にも言うたんや。でも僕、ある意味あなたのことを、マジでリスペクトしてますから」って言うたんや。「これ、オベンチャラ言うワケやないけど、僕ね、あなたのことリスペクトしてますよ。ある部分で。それは何か？　あなたは熱い。そこは尊敬してます！　これだけは認めてます」って。そんで終わってからも「すみませんねぇ」って言うたんや。そしたらおばさん、「も～、あなったらぁ～」って。おばさんやから、まるで子どもを抱きかかえるようにして、僕の頭を叩きよんねん。「も～、あなたはイジワルぅ」って。さらにみんなで飲みに行こうかっていうとき、そのおばさんにも「みんなで行きましょうよ」って言うたら、「いや、私は……」って。だから別れ際にもう一度、「いや、マジでアレですよぉ。**あなたの熱さは好きですよ。大好きですよ！**」って言うたら、「も～、『大好き』とか言わないでよぉ。うちの旦那が迎えにきてるんだからっ」って。横見たら、ヘルメット被ってバイクに乗ってるおっちゃんが

おんねん！　僕は人妻に何を言うてんねん！「大好きです！」とか言うて！　まぁなんせ、**「罪を憎んで人を憎まず」**ですわ。

話は変わるけど、せっかく防犯の話になったんで、それ関連の話をひとつ。

3年前に防犯対策を練ったとき、PTAからは防犯ベル、学校からは笛が配られたんや。けど結局な、そういう暴漢に襲われたときって、笛を吹く勇気がない。さらに「キャー！」っていう声も出ーへん。だから学校で、声出す練習させなアカン、笛吹く練習させなアカンねや。もっと言うたら地域の人らに、「この音は助けを呼ぶ音ですよ」って教えとかなアカンってのがあって。

実はうちの地域で子どもが襲われた事件があったんよ。だから、その子どもが通っている学校が、防犯のプロチームを呼んで講習会やったんや。ちなみにその講習料ってメッチャ高い。**「安せーよ、ボケッ」**って思うんやけど。しかも、クチコミで聞いたんやけど、絶対ビデオ回したらアカンかった。なぜなら、売りもんやから。ほんで、やっぱすごかったんやって。具体的で、効果的なもんやったと。

たとえば、子どもがね、大人にグッとつかまれたときには、小指を逆側にボキッて折るのがエエんやて。子どもの力でも、小指は折れる。どんな大人も、まさか小指を狙う

なんて夢にも思うてへんワケよ。それとか、襲われたときの声の出し方っていうのがあって、講習を見に行った人は「真似できません」とか言うとったけど、なんか変な声を出すねんて。「ヒュゥーーー」みたいな。時代劇でさ、「ピィーーー、ピィーーー」ってあるやん。あれは周辺に連鎖していく音なんや。誰かが「ピィーーー」ってやったら、それを聞いた人がまた「ピィーーー」って。それを広げていくんや。「事件が起きてるぞ」って。それを現代でもやるんやて。「ヒュゥーーー」って声出して。それが「子どもが襲われた！」っていう合図になるんや。

ただ、それやるんやったら、地域全員が申し合わせなアカン。だから学校は、地域を巻き込まなアカン。子どもたちを育て、守るには、地域の人が絶対必要やねん。PTA会長になった1年目から、学校、PTA、地域の三位一体を、もっと、もっと確実なものにせなアカンと思ってきた。しかし、正直そこまで満足のいく運動は出来なかった。やっと最近地域に向けてさらに交流を深められているかな？と感じてる。

僕のテーマ「PTAA」。もうひとつのAは「Area＝地域」の意味やねん。これに一歩でも近づくぞ！でもやっぱ、時間かかりやがるのー、くそー。あきらめへんぞ〜。

何が大切なのかわからんくらい、先生は麻痺してるんか？「ありえへん‼」ってことが多すぎ‼

PTAをやって学校と関わっていると、「そんなんありえへん‼」ってびっくりすることがぎょーさんあんねんな。今項は、そういう「ありえへん‼」っていうエピソードをいくつか話そう。

僕は運動会で、ラジオDJとしてまずは放送周りを充実させ、いい音楽でもって盛り上げようとしたワケやけど、その前に**「いい音楽には、いい音質を！」**ってことで、学校の、あのスピーカーをなんとかしようと思うたワケや。わかる？ 校舎の上についてる、拡声器みたいなスピーカー。音量上げると音が割れるし、ブチブチとノイズは入るし。もー、最悪や。盛り上がるもんも、盛り上がらへん。だから、できたらPAいうて、イベントで使う大きなスピーカー持ち込んで、ミキサー卓（音質や音量を調節する機械）も後ろにつけてやりたいって言うたんや。ほんで、酒屋さんの安藤さんいうところの旦那さんが、酒屋さんする前にPAの仕事してたということを聞きつ

けたんや。だからその仲間から借りられるらしくって、「貸しますよ、レモンさん」って言うてくれた。やった！ それで会議で、先生に言うた。

レモンさん　「いいスピーカー貸してくれるところが見つかりましたー！」

先生　「……やめてください」

レモンさん　**「なっ、なんでですか!?」**

先生　「基本的に学校には学校に必要なものがすべてあります。日本全国、それは共通です。運動会をするためのスピーカー？　あるじゃないですか。マイクもあるじゃないですか。これを使いなさいっていうのが学校なんです。だから余計なモノ、入れないでください」

ハァーーーッ!? タダで貸したる言う親がおんのに、「断るんかぁー、ボケェーーッ!!」っていう話やねん。ほいで僕が、「いや、先生。子どもたちの教育のために『いい音って何？』っていうのも教えなアカンし。さらに

イベントっていうのは、音って大切なんですよ。あんなガチャガチャと音が出るスピーカーで大きな音をかけたら、逆に不快感なんですよ」って言うた。そしたら「わかりました。じゃあ、あのスピーカーを直します」って言うワケよ。「ハァ〜。直す？」で、「どっちにしろレモンさん。業者さんに来てもらって、あれが直るものなのか調べてもらいますから、待ってください」。

そんで、**業者来た！　終わって、先生が報告に来た！**

レモンさん「どうやったんですか？」

先生「ええ、かなり古いんで、直すのは大変だそうです。直してもそんなによくならないと。ということになりましたので、そちらで借りてもらっても結構です」

ときた。**「アホちゃうか？　頭固い！」**。今、思い出しただけでもムカつくなぁ。で、スピーカー出してもらった。エエ音やった。一式借りたら15〜30万円ぐらいするヤツがデーンと置かれたんや。しかも、プロのミキサーの人にも入ってもらって。人

件費入れたらすごいことになる。そこに僕のラジオ番組のスタッフや、毎年やってるトークライヴのスタッフも手伝いにきてくれた。ディレクターなんか超プロ級のプロや。それが音出しや、しゃべり出しのキュー出す。ラジオ番組と比べたら、すごい簡単なことなんやけどな。それをプロがやってくれる。だから、放送ブースの後ろを振り返ったら、大プロフェッショナル軍団や。すごい！

逆に言うたら、こういう大人がボランティアで運動会に参加することが、どれだけその大人のためにもなることか‼「学校ってどんなんや？　子どもたちの笑顔ってどうや？　大人になって、忘れてた心とは？」。ボランティアで参加している自分に対しても、誉めたればエエし。何より、「想い」は金額を超えるんよ。

これが「PTAA」なんや。「Parent-Teacher Association」という「PTA」に「Area（地域）」の人が関わる。つまり「Parent-Teacher Area Association」＝「PTAA」。これが僕の目指すものや。地域の大人が子どもを盛り上げる。当然や。それやのに、「決まりですから」っちゅうてそれを断る大人がどこにおんねん！

何が大切やねん？　何が優先やねん？　そんなことまでわからんようになるぐらい、先生たちを麻痺させてしまう日本の教育現場は、ある種、変な宗教団体か？　あるいは、子どもより自分か？　**ミイラ捕りがミイラになるかのごとく、冒されていくんか？**　どないなっとんねん？

ほかにもこんなことがあったで。僕の前にPTA会長やってた人がお寺の住職さんで、「夏場の会議室は大変でしょ？　うちのお寺でいらなくなったクーラーを差し上げます。どうぞお使いください」って言うてくれたのに、先生ら「いらーん！」って言いやがった。僕らPTAが使う会議室、暑くていつもフラフラになってんのに、なんでお前らが断んねん！「学校には基本的に全部揃ってます。それに、そういうもので校舎に穴を開けられても困ります」やて。またかよ！　神様からの贈り物を阻止する、悪霊に思えてくるで！　いまだにクーラーついてへん。頭おかしいわ。

何？　臨機応変って？　大人って？　融通って何？

こういう学校の現実をみんな知らんねん。この話聞いたら、みんなビックリするでしょ？　だから「おかしい！」って言うていこうよ！　PAのことかて、「やっぱ音がいいと、盛り上がるね」ってわかったんやったら、学校の予算で買えっちゅーねん。

いつまでも安東さんのところから借りて。それも違うやろ〜。上の言うことを聞くのが教育に大切なことなんか？　現場の声を上に突き上げるほうが重要なんちゃうんかなぁ？　**「子どもたちにとって、何が大切なのか？」**を教えてる人たちが、自分たちの現場のおかしなことには気づけへんの？　それとも知ってて知らん振り？

大人の言い訳は聞きたくない!!　先生という職業を選んだ以上、先生は先生で戦ってくださいね！　応援してますよ！

今こそもう一度問いたい。
「PTAって何のためにあるんですか?」

僕のこの本を読んでくださっている人の中には、「なんでこのオッサン、こんなに熱くなれんの?」と思ってる人がいるんとちゃうかなぁ? でも、そういう冷めた目で見ないで、「PTAってなんや?」ってことを、もう一度考えてみましょうよ。

この本の前半で**「PTAは一艘の船なんです」**というクサイ話をしたって言ったけど、やっぱPTAをやるもんは、熱くならんとアカン。特に会長はそうや。そして会長は、その熱をみんなに伝えなアカン。ひとりでも冷めたヤツがおったら、そこからみんなが冷めてくる。これは小学校のときから気づいてんねんけど。

僕は「リーダーシップの取れる子」ってよく通知表に書かれてたタイプや。もちろん「落ち着きがない子」とも書かれてたけどね。生徒会長や野球部のキャプテンもやった。そんな僕が感じていること。それは、たとえばクラス替えがあるでしょ。そのクラス替えの初日、始業式が終わって、「さよならぁ」ってみんな廊下に出るよね。そした

110

らまず、前のクラスの友だちに会いに行くヤツがおるワケよ。で、「どう？ お前のクラス？」ってやってるワケよ。それで、何人かは「最悪やぁ、僕のクラス。先生もしょーもないし」って、文句ばっかり言うねん。でな、そういうヤツこそが、実はクラスの空気を悪くしてるってことに、気づけへんねん。そんなもんクラスが決まったんやから、決まったら決まってるってことに、腹くくって、「じゃあ僕が、もっと面白くしたる」ってみんなが思えば、おもろくなんねん。でも、誰かが諦めてたり、逃げ腰やったら、そのクラスはそこから冷めていくんや。そこでリーダーとしてどうするべきか？ ズバリ！ **リーダーは、そういう人をいちばん愛さなアカンねん。**

PTA会長として、PTAの役員を愛してまっせ。だから、個人的な相談も受けてたりする。やっぱ個々に問題が起きんねん。役員同士の確執があったり、プチノイローゼになる人もおるし。そういう人に対し、出来るだけ「よい意味でのお節介」をする。だから、この本を読んでいて、PTAのことや子育てのことで悩んでいる人がおったら、今すぐにでも飛んで行って話を聞いてあげたい。でもそれはでけへん。だからこうしてこの場を借りて、僕の想いを届けたい。元気になってもらいたいんや。

まず、いちばん大きいのは意識改革よね。要するに「みなさん？ PTAって何のた

めにありまんの？　子どもたちのためにあるんでしょ？」っていう。そんなん、イヤイヤやるんやったらつぶしたらエェねん。**「みんな辞めようや、みんなイヤなんやったら、こんなPTA。アホちゃうか？　ノイローゼなるんやったら辞めようぜ」**って思うワケ。

でも、もともとPTAっていうのは「子どもたちのために」、あるいは「学校のために、なんかお手伝い出来ませんか？」って出来とんねん。その主旨に則って、「子どもたちのために、情熱燃やしてやりましょうよ」って。やらされるって意識よりも、「やりたい！」って。そこでいろんなもん学べるし。学校のこともわかるし。さらに、感動や。とにかく感動。**「子育てって感動するで」**っていう意識でやったら、絶対面白いって。

逃げ腰でやったってなんの得もないよ。だから、最初に「一艘の船」の話をしたんや。イカリが上がって、船が出ちゃったら帰れないんやから。なんぼジタバタしたって。逃げ腰やったら沈むんですよ、これ。やると決めた以上は、生きるために、吐かん程度で漕いで、「素晴らしい風景見に行こうやぁ」って。そういうこと。

それと、感動するためには、金銭的な損得感情を持ってたらアカン。たとえば学校の先生。ちょちょっと来て、教科書だけ開いて終わりにする先生も、いろんなもの作ってきて、黒板にペタペタ貼って授業をする先生も、ギャラは一緒や。でも、「ギャラ

でしか得せーへんのか？」。そういうことじゃなくて、もっとお金では買えないものがたくさんあるやろ。ラジオ番組も一緒や。僕だって、なんぼ一生懸命やってもギャラは変われへん。軽く下準備しても、どんだけ下準備しても、ギャラは同じ。さらにラジオのスタッフのギャラって低い。正直言って安い。だから何本も番組を持ったりするワケよ。だから、どんどん時間がなくなる。それでも「寝んでもがんばろう！」という気にさせるのは、やっぱり**「情熱」**しかないワケよ。「この番組、絶対盛り上げたんねん！」、「ラジオ番組好きやねん」、「迷うてるリスナーを助けるねん」っていう情熱。それしかないねん。その代わり、忘れられへん感動も得られる。いい番組を作って、外で「あの番組やってんのん？　僕、メッチャ好きや」って言われたときの感動とか、リスナーと対面してリスナーが泣いたときとか。そういう感動は、損得感情抜きにせんと起こらへんワケ。特に、僕と一緒にやる番組ってのは大変や。僕がこういう性格やから（笑）。けど、一生忘れへんものになるし、心の財産になるんや。

　もしPTA役員やってて悩んでいる人がおったら、もう一度帰ってみようや。「PTAの本質ってなんやねん」って。「情熱」を持って、感動出来るやり方でやれば、**この汚れた世の中にあって、PTAほどピュアな集まりはないんやと。**

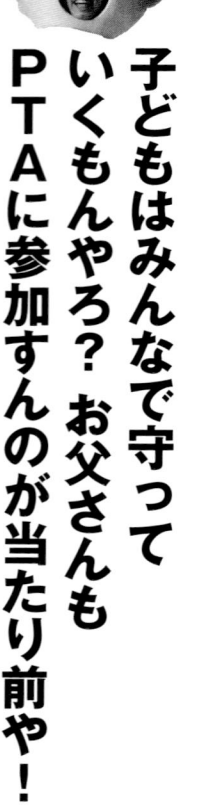

子どもはみんなで守っていくもんやろ？ お父さんもPTAに参加すんのが当たり前や！

まずこの回は、最初にザンゲします。

僕自身、初めはPTAを偏ったイメージでくくってた。PTA会長を頼まれたとき、「僕金髪やし、PTAってガラちゃうよ」とか、「ザーマスおばさんみたいなんが、いっぱいおるんやろ？」って。でも今は違う。実際ザーマスおばさんなんかおらへんし、金髪でも会長出来るし、何よりも**PTAの活動が僕自身のPOWERになった。**いっぱい感動もした。ホンマやってよかった。いや、今はやるのが当たり前ぐらいに思ってる。

だから、たくさんの人にPTAへ参加してほしいと思ってる。特にお父さん。でも、お父さんはなかなかPTAに参加出来へんよね。そこで僕は、学校にお父さんが近寄らないっていう日本の教育を……、その意識を変えてくれって訴えたいワケ。父親参観日だけじゃなくて、何かの形で入ってきてよ！**「それが当たり前やねん！」**と。

そこでうちのPTAでは、お父さんだろうが、地域の人だろうが、誰でも参加できる**「サポーターズ」**っていうのを作った。ほかの学校では父親で構成する「おやじの会」って呼ばれているケースが多いんやけど、要するに、準PTAみたいなもんやね。でも僕は、何らかの事情でお父さんがおらへん子どものことを考えて、「サポーターズ」って名前にしたんや。個人的にも「おやじ」という言葉の使い方自体、どうかな!?と思ってる。

しかし、サポーターズを発足させたきっかけは、『おやじの会』っていうのがあるんですよ」というのを、小P連の報告会で知ったからなんよね。小P連っていうのは小学校PTA連合会といって、各校のPTAをつなぐ集まりや。その報告会は、地区の代表PTAが前に出て活動を発表するワケ。そこで、ある地区の代表が「『おやじの会』がこんなことしました」って発表した。聞いたら、ものごっついことやってるワケよ！　なんかぁ、グラウンドの隅にバーベキューの出来る場所作ったり、ログハウス作ったり！　しかも、おやじの会のメンバーが軍手をはめ、頭にタオル巻いた姿でステージに立って発表するんや。パフォーマンスも入れて！　だから僕、感動して、**「メチャ、熱いやんかー！　僕なんかまだまだハナクソやんかー」**と思った。

「このお父さんたちのほうが熱いやん」と。

それで僕は、PTA会長会のときに聞いてみた。「『おやじの会』ってどんなことするんですか？」って。そしたら、「おやじたちで出来ることは、何でもするよ」って、メッチャ活動してるんよ！「へぇー、すごいなぁ」って驚いた。さらに「どうやって作るんですか？」って聞いたら、「そりゃあもう、最初はPTA役員のお母さんの旦那さんと飲み仲間になって、『ちょっと手伝ってよー。役員って形じゃないし。……え？やってくれる！そんじゃさぁ、日曜日一緒に学校行ってね、ちょっとやれへん？』」って。そう！メンバーをひとり増やし、ふたり増やし……って、「一本釣り」やで！そんで、僕が話を聞いた人の例で言うと、まずは3人ぐらいからスタートしたんやて。そして、そん中に塗装を仕事にしてる人がおって、「教室の壁を塗り替えたる」ってことになった。子どもたちに「自分らのクラスは何色がエェ？」ってアンケートをとって。「青！」って言ったら、「よっしゃ、このクラスは青やぁ」って。まぁ、言うてもパステル調にね。そんで塗り終えて、日曜日の午後や！汗流したあと、木の下でビールを飲むと。「これがウマイ！」。

「これだけが楽しみ」って言うてはるワケよ。「学校のグラウンドでビール飲んだらアカンやろ！」っていうところで飲むのが、また、たまらんのやて。しかも、それを許してる校長がいるんよね。その校長がいてへんかったら、こんなこと出来へん。校長に助けてもらって、おやじの会の人らは、**「ワシらのご褒美はビールだけ」**っていう。それで満足。ホンマは学校でビールなんかアカンねやろうけど、それぐらいのゆとりはあってもエエんかなぁ。

それで僕らもすぐ「サポーターズ」を作った。で、いちばん最初にやってもらったんが、学年活動の手伝い。そこでは、子どもが作る「子ども縁日」みたいなんをやったんやけど、わたがし屋さん、ヨーヨー釣り、輪投げとかあって、なんかすごいおもろかったんよ。

最後は子どもらに、水鉄砲を持たせてん。そんで、まずはそれをピュシュッ、ピュシュッって倒す。次にトイレットペーパーを使ったマトがあって、それをまた、ピュシュッ、ピュシュッってやって落としていく。ほかにもあちこち回って、途中、給水するところなんかもあったりして。それで最後は、グラウンドの真ん中に悪のボスみたいなんがおって、その周りにも手下がいてんねん。それ

がサポーターズのお父さんや。お父さんらは、白いゴミ袋みたいにに着てて、そのゴミ袋に紙をつけてるワケ。その紙は、水に濡れると黒くなるっていう書道用の特殊な半紙。そのお父さんらに向かって、子どもたちがピュシュッ、ピュシュッってやるんや。このゲームでの、「最後の敵」って感じやな。それで、その半紙はドクロの形に切ってあるもんやから、黒いドクロのマークがどんどん浮かんでくるんや。で、それが全部黒くなったら、「あーっ！」って死ぬんやんか。もう、大爆笑。

お父さんも水鉄砲持って応戦して、大盛り上がりや。そこで僕は、レモンさんとして朝礼台に立って、**「おぉーー！ あっちからまた敵が現れたぁーーー！」**って実況してん。しばらくして手下たちが全員死に、最後にボスをやってたお父さんが逃げ回る。それをみんなが追いかけるワケ。そしてとうとう、小さいプールみたいなところにドボーンって入って、真っ黒けっけになって。で「あぁ……死んだぁ！」って。しかし！そこで「ハハハハ……」って、僕が急に声色変えて、「お前ら、アイツが死んだら終わりだと思ったら大間違いだ！ **本当のボスは、実はこのオレだぁ！！！ かかって来やがれぇ！！！」**とか言うて、バァーーーって逃げるワケ。みんなキャーキャー言うて。あれはアイディアもすごかったけど、ホンマ盛り上がった。

こんなふうにして、うちのサポーターズも立ち上がったんやけど、即席で集めたもんやから、イベントによっては人数が揃わないときもあるんよね。

また、ぶっちゃけこういう雰囲気もある。サポーターズに入ると、PTA役員に誘われる恐れがあるっていう。実際そういう動きをやってしまって、ちょっと恐れられて。奥さんから「サポーターズなんか行ったらダメよ。あんた……」って言われて。それ以降、**サポーターズからは、PTA役員に絶対誘わない**ということになった。

でも、役員は受けられへんでも、サポーターズに入って、手伝えるときだけ手伝ったらエエと思わへん？　何も100分の100くれって言ってるワケやない。今まで100分の1しか学校に向いてなかったお父さんも、せめて100分の30ぐらいは向いてくれってて感じやね。それともっと言うたら、それを許さない社会の空気もアカンよね。「PTAの用事で会社行けません」って絶対言われへんやろ？　子どもを会社に連れて行くのも無理やろ？　でもアメリカってやってたやんか。10年くらい前に、キャスターが乳飲み子を横に座らせてニュース読んだり。すんごい反響やったんよな。

「なんやアレは！」っていうのと、「よーやった！」っていうのと。でも何かを変えるには**「物議を醸せ！」**っていう方法はある。そいつだって、それをやることによって世論を動かして、「何か改善させるんや」と思うてるから。

まぁこういう日本の状態も、いずれ変わっていくと思うよ。あの藤井フミヤくんだって、学校の計画表をもらったら、まず事務所に出すんやから。「予定を全部抑えてくれ」って。「学校行事があるところはツアーをはずしてくれ」って。みんなPTAやるよー。子どもを愛しているから。子どもの成長が手に取るようにわかるし。これこそ正しいアーティストの姿やね！

基本的に、「子どもを教育する」、「子どもを守る」っていうのが、大人の責任。それは他人の子も。もっと言うたら、全世界の子どもを守るっていうのが、大人の責任。それが基本やん。まずは自分の足元を固めましょうよ。だから、サポーターズが僕の学校になかったら、

「なんでないの？」
「作ろうや」
「なんで地域をもっと巻き込めへんの？」

「じゃあ動こうや」

って。それが当たり前。

でも、わざわざ「サポーターズ」っていうの作らなきゃならんのも、悲しいんやけどね。それから日本っていう国は遅れてる。「男は働く。女は家庭を守る」。そんなこと言うてたらアカンで。……っていうか間違ってる。早く気づいてや!! みんなで子どもを守んねん。それも近所の子も含めて。要するに、自分の子どもと関わっている子も含めて守らなアカンねん。それがひいては、自分の子どもを守ることにつながってるんやから！ だから僕は「日本全国長屋化計画！」を提唱するわぁ。そんで目指すは**「全世界、長屋化なれば、なごやかや！」**やで！

3年生のとき「チャラ」って名前がついて、私、変わった

シュウ さて、まず僕はね、「どうやってCHARAちゃんが出来たんやろ?」っていうのを知りたいねん。どんな大人に会ってきて、CHARAちゃんは出来たん?

CHARA 「CHARA」はね、小学校3年生のときからついているニックネーム。CHARAに至るまでにいろいろあるんだけど。私ね、旧姓が、「あらびき」に似てるんです。その頃、あらびきソーセージのCMで、田中星児さんが出演されているのがあって、それで最初に「アラビキ」って呼ばれて、そのうちに「チャラビキ」になったの。

シュウ まず「アラビキ」から「チャラビキ」になったんや。小学生のとき、どんな小学生やったん?

CHARA ああ、そうだねぇ。1年生のときは先生が怖くて。

シュウ へぇー、怖い先生?

CHARA 「おしっこ行きたいです」って言っても、「がまんしなさい!」みたいな。

シュウ エーー!

CHARA チョーク、ビューーン

とか飛んできて。その記憶しかなくて。あたし、おしっこ漏らしちゃったんですよ。

シュウ うっそー! ハハハハ!

CHARA そう、そう。それで、漏らしてラクになって。それまでは泣いてて、「エーン、苦しい……」って。で、漏らして全然ラクで。

シュウ ちょ、ちょ、ちょっと待ってくださいね。それ、ちょっと違うんちゃう? 普通は、女の子がお漏らししたら、一生の心の傷にならへん?

CHARA 傷になるとしたら、たぶん、もうちょっと大きくなってからかな。1年生だったからね。

シュウ ああ、1年生かぁ。まだエエねや。

CHARA たぶん。それでぇ、「自分でおしっこ拭きなさい」って言われて、拭いてたら……。

シュウ えぇ!! 自分で?

CHARA もちろん。それはいいと思うんだけど、自分で拭いてたら、隣の子も、漏らしちゃったんだよね。それで、どっちのおしっこかわからなくなって!

シュウ アハハハ! 冬で、指におしっこがち

CHARAは、
小学校3年生のときに
出来上がったんです

CHARA

独特の音楽観で、若者を中心に支持を受けているミュージシャンのCHARAさん。小学4年生の娘と、5歳の息子を持つママでもある。そんな彼女の子ども時代は、意外にも泣き虫で、シャイな子。でも、小学校3年生のときについた「チャラ」というニックネームと、担任の先生が言った褒め言葉が、彼女を変える。そのエピソードに「子どもと大人の接し方」のヒントがありそうだ。

シュウ よっと沁みるなぁ、みたいな。
CHARA アッハハハハハ!
シュウ それ、すっごい覚えてる。
CHARA あ、その前の話も思い出した!
シュウ ナニナニ?
CHARA 幼稚園のときに、公園を2周するマラソン大会があって、お母さんは「いつも履き慣れた靴を履いて行きなさい」って言ったんだけど、前の日にもらったばっかりの、その頃流行ったキャラクターの靴があったの。あたし、「これ履いて行く」って言ったの。でも履いたら、ちょっと大きかった。でも「絶対これで行く!」って。
シュウ キャハーッ!
CHARA でもお母ちゃんは、「あんた、やめなさいよ」って言うの。でも言うこと聞かない。だから「じゃあ、もういいんじゃない? 行ってきなさい」と。で、その靴を履きました。そして「私は、絶対これで走る!」って思いながら走ったの。でも、ダメだったんだぁ。
シュウ ブカブカやし!!
CHARA もうさぁ、すごい必死で走って。で、あともう少しでゴールってところで、抜かされたワケ!

シュウ 最後から2番目だったのに。
CHARA 私、ビリー! それで泣いて、「この靴のせいだぁぁぁ~!」って、靴を投げて。「この靴がいけないぃぃ~!」って。
シュウ ハハハハ! ウケるぅぅぅ~! マジでぇ! そんな記憶どこにあったんやぁ!
CHARA なんか、この靴の話、すごい覚えてる! でも、それを優しく受け止めていた周りの大人がいたんやね。
シュウ そのオチが面白いね! 自分で決めて履いて行ったのに、最終的に「靴のせいや!」って言うところが。
CHARA そういうとき、「親の言うことは聞くものだ」って、ちょっとずつ悟っていったのかな? 「ためになることもある」、「人の話を聞くもんだ」って。
シュウ でも、さっきから聞いてたら、普通の子やってみたいやね。シャイな女の子やって、先生の言うこととも聞いてそうで。
CHARA 泣いてばっかりだよ。
シュウ 泣き虫やったん?
CHARA うん、すごく。でも「チ

ャラ」って名前が3年生のときから、変わりましたね。
シュウ え、それで変わったん? すごく変わった。名前ってすごくいいなって。あと「チャラ」って呼びやすいし、覚えやすいでしょ。そんなにいないし、覚えやすいっていうところで、自分のポジティブな部分が開化していったんですよ。そういうと——
シュウ じゃあ、イヤではなかったん。「チャラ」って呼ばれるのすか?
CHARA ニックネームっていうのがほしくて。3年生のとき、「HOUSE」っていう邦画があって観に行ったんです。ホラー映画で、ちょっとセクシーなシーンもあって、その中にメロディちゃんっていう子がいて、最終的にピアノに食べられちゃうのね。そのとき「私、メロディになろう」って思ったんですよ。で、学校に行って、それまで、「チャラビキ」とか、「ミーちゃん」とか呼ばれてたんだけど、「私のこと、今日から『メロディ』って呼んで」って言ったの。
シュウ ハッハハ! かわいい! みんなは「何言ってんの?」って感じだった。でもあたしは、「メロディ」ってサイン書

いて「これがいいかなぁ」ってってみたり。その頃流行ってた★2さな恋のメロディ」も、トレイシー・ハイドの役がメロディだったし。「あ、やっぱりメロディだぁ」と思って。
シュウ アッハッハッハ!!
CHARA 私、ピアノが好きで、それが得意だっていうこともわかって。「将来何になりたいですか?」って聞かれたら、音楽関係の仕事だと思ってたの。子どもとか、ピアノの先生とかしか思いつかなかったけど。音楽の先生だと世界が狭いから、ピアノの先生とかしか思いつかなかったけど。メロディって、ピアノも関係してるでしょ……。
シュウ ピッタリやと思った!
CHARA そう。でもダメだったんだけど……
シュウ え!誰も呼んでくれんかったんや? じゃ、「メロディ」って言ったあとに、すぐついたん? 「チャラ」は。
CHARA それは記憶がちょっとないんだけど……。まず、先生が出したんだけど、あるとき「おい、チャラビキ!」って言い出したんだけど、あるとき「おい、チャラー!」って言われて。
シュウ それって、おとなしかっ

★1 1977年(日本/東宝)大林宣彦監督デビュー作。「人食い家」を描いたファンタジー・ホラー。池上希実子のヌードシーンはお宝映像に。
★2 1971年(英)小学生のダニエル(マーク・レスター)とメロディ(トレイシー・ハイド)の純愛物語。当時日本では、10代を中心に一大ブームを巻き起こした。

CHARA まぁ、いいタイミングが訪れたんだろうね。あと、幼稚園のとき、先生の代わりにオルガン弾いたことがあった。帰るとき、「♪さよなら〜、さよなら〜♪」って曲を先生が弾くんだけど、それをあたしが弾いたの。家に楽器ってものは、何もなかったんだけどね。うち、貧乏だったんですよ。

シュウ 貧乏？ 僕と一緒や。

CHARA だけどすっごい興味があって。幼稚園へ行くと、オルガンがあるから弾いてて。そしたら先生が、「あら、弾けるのね。じゃあ、今日はミーちゃんに弾いてもらおうかな？」って言われて、ドキドキしながら弾いちゃったら、私のオルガンに合わせて、みんなが歌ってる！「さよなら〜」って。なんか、それすっごい覚えてる。それ、CHARAの始まり。

シュウ 先生は、「この子は泣き

虫で小さくてね。一見おとなしそうに見えるけど、楽器が助けてくれるのでは？」って思ったのかなぁ。わかんないけど……。

シュウ 気ィ遣ってんや！

CHARA 気を遣ってんのね。

それで、行かしてもらったんだけど。でも「ピアノは買えないよ」と。

シュウ じゃあ、教室行って教えてもらったことを、紙鍵盤でおさらいしてたんや。

CHARA そう。紙の鍵盤を弾いて。イメージ！ イメージ！

シュウ エェーーー、スゲーなぁ！ え？ じゃあ、その幼稚園のさよならの歌を練習してたん？

CHARA いや、記憶にないけど、弾けたんだよね。そんな難しいもんじゃないよ。

CHARA 紙鍵盤？

シュウ 紙に鍵盤が描いてあって、広げて使うヤツ。

CHARA 音楽教室は、「どうしても行かせてくれ」と親に言ったみたい。あんまり記憶にないんだけど、隣に住んでいた友だちが最初に行ってて、その子と仲良かったっていうのもある。貧乏で言えなかった部分もあるんだけど、どうしても行きたかった。家の裏のね、仲良しのお宅は、親が教育者か何かで、子ども3人いるんだけど、みんなバイオリン習ってるの。本当はそれがいちばんやりたかったんだけど、「うちは貧乏だから、でもコレだったらいいかな」みたいな。なんとなく子どもの判断で。「あたしも音楽教室行

シュウ え、ちょっと待って。楽器は家になかったよな？

CHARA なかった。脚が折れたおもちゃのピアノくらい。最初は紙鍵盤ですよ！ 音楽教室に行かせてもらってたのに。

かしてくれ〜！」って言ったらしく……。

シュウ 気ィ遣ってんや！

CHARA 気を遣ってんのね。

それで、行かしてもらったんだけど。でも「ピアノは買えないよ」と。

夏休み、先生に言われたひと言が、すごいうれしかった

CHARA 小学校3年生のとき、先

生と仲良くて。で、夏休み、先生んちに何人かで泊まりに行ったの。料理は、やりたい人が率先して手伝って。「じゃ、私はキュウリを切る！」って。でも実は、キュウリとか、あんまり切ったことなくて。だけど、イメージの中

かせてくれ」と親に言ったみたい。あんまり記憶にないんだけど、隣に住んでいた友だちが最初に行ってて、その子と仲良かったっていうのもある。貧乏で言えなかった部分もあるんだけど、どうしても行きたかった。家の裏のね、仲良しのお宅は、親が教育者か何かで、子ども3人いるんだけど、みんなバイオリン習ってるの。本当はそれがいちばんやりたかったんだけど、「うちは貧乏だから、でもコレだったらいいかな」みたいな。なんとなく子どもの判断で。「あたしも音楽教室行

シュウ なんか、どんどん出てくるなぁ。ほかに、小学生のときの記憶ある？

CHARA 小学校3年生のとき、先

CHARA × Shoo Yamamoto

CHARA×Shoo Yamamoto Talk Session

CHARA で、「このキュウリはああいうふうにしたい！」ってのがあったの。それは、お母さんがやってた「ごぼうのささがき」。それで突然あたし、「ささがき調にしたい！」って、やったことがないのに思っちゃったワケ。ほんでなんか、こう、サーサーサーっとやって、「わぁ！ こんな切り方がある！」ってビックリして。「どうしよう。失敗しちゃったかな？」と思ったけど、先生は、「すごい、いいじゃん！ チャラ切りサラダだね！」って褒めてくれたの！

シュウ エエやん！

CHARA そういう言い方してくれて。「あぁ！ チャラ切りサラダかぁ！」って思った。みんなも食べるときに、「ほら見て！ チャラ切りサラダだよ！」って。

シュウ ハハハ！ うれしいよな〜。オリジナリティが出ててな。

CHARA そう、オリジナリティっていうところで、「あぁ、いいんだぁ」と思って。すごい、それは記憶に残ってんの。

シュウ 褒められるのって、うれしいのんよねぇ。

CHARA やっぱ、褒めないとダメだよ。極端に言うと、褒めるだけでいいと思う。くだらないことであってもね、褒めたほうがいいんだよね、絶対。そのほうがいいんだって。

シュウ でも、最近の子どもは、こましゃくれてるからね。メチャメチャ大人のこと読んでんねん。全部わかってる。「こう言ったらごまかせる」とか、「こう言うたら甘えさせよる」とか。

CHARA それは何の情報によって。

シュウ もう、そう思うの？ 自分が子どものときのこと思い出せたらエエのよ。大人が「まさか、子どもはそう思うの？」ってのは、CHARAも子どもの頃、感じてるワケやん。そういうのって、あんりょんねんなぁ。だから、褒めるときも、「ごまかしじゃアカんなぁ」って。

CHARA そうだね。それはそうだね。わかっちゃうね。

シュウ 本気で、せめて本当の気持ちに近づけて驚いたるとか。「エエやん！ チャラ切りやん！ チャラ切りサラダやん！」って、ホントにリアクションしないと。

CHARA そうだね。それはそうだと思うなぁ。

シュウ 先生の、その「チャラ切りサラダ」って言うた、その言葉イケてるねぇ。

CHARA イケてるでしょ。

シュウ バツグンやね。

こんなこと考えてないやろうなっていうこと子どものとき考えてたやろ？ ところが大人になると、そのときの自分のこと忘れるワケ。だから、子どもは子ども扱いする。もちろん、子どもは子どもやで。体験値も少ないし。モノもわかってへんけど、動物的になんか判断してるっていうか。気ぃ遣うとか、感じるとか。ほら、「うち貧乏やった」とか、これはムリやなぁ」とか、CHARAも子どもの頃、感じたこと、これはムリやなぁ」とか、自然と学んでいるワケや。「どんどん感じたこと、表現してみよ」っていう勇気が出てくるし。

CHARA そうだねぇ。そうですよ！ 勇気……、自信が湧いてくる。「いろいろあっていいんだ」って。

シュウ そうそう。だから、今、僕が学んだのは、ひとつの言葉の使い方で、こう……、リアクションするときに、「おぉ！ それは○○切りだね！」とか、オリジナリティな言葉挟むっていうのは、すごくうれしいことなんやねぇ。自信になる。よくいるやん、子どもがひとつのワクからはみ出ると、容赦なく怒ってる親。「もういいの！ みんなと一緒で！」とか言うて。もう、ホント、それを見てるほうがドキドキするもん。

CHARA それ覚えてるもん。その褒め方ってすごいと思わない？ その

シュウ ちょっとそれ、今日、学んだよ。オリジナリティってうれしいのんよね。それって、CHARAが、「あ、どんどんここで思ってたことを表現すれば、それが喜ばれる」、あるいは、「CHARA式で出来るんや」っていうことを、

すべてのこと、「バランス」って大切だと思う

シュウ 自分の子どもにはどう接してるの？ 自由にさせる感じ？

CHARA でも、その「自由」っていうのも……。

シュウ 何をもって自由か？

CHARA 言葉で「自由」っていうと、私は、まずいちばんに「寂しい」と感じる。

シュウ ほぉー―。

CHARA 子どものイメージだと、歌の歌詞に「自由が！」とか、「自由に大空を飛ぶ鳥が！」みたいなイメージがあるワケじゃない？ それはさ、子どもは経験が少ないから、それしかわからないと思うの。それに、そっちの自由だったら、いいと思う。

シュウ そっちの自由ならね。

CHARA 自由って、うーん……、一方通行的な感じがしませんか？

シュウ そやねんなぁ。

CHARA あえて言えばね。なんかこう……、返ってくるものが「あれっ？」みたいな。そんな感じが……。まぁ、孤独ではないけれど。「自由」ってそんなイメージ。でも、「何が自分のホントにやりたいことか」、「自分の魅力は何か」とか、「自分はこうしていると楽しい」とか……。うん、「楽しい」っていうのがいいね。やっぱり「楽しい」がいちばんなんだと思う。それがわかること、初めて「自由」がくっつくかな。

シュウ 「自由」っていうキーワード、難しいよ。なんやろな？ 何もないって言うたら、何もないもんな。だってなぁ、「運動会があります！」っていう箱があるから、「自由に表現してエエよ」とか。

CHARA バランスだよね、きっと。わかんないけど。なんか、自由ばっかり求めてたら、「そうじゃない部分があるといいな」って思ってたり。逆に束縛される世界しか知らない人は、「自由がいい」と思ってみたりとか。その人によっていろんなバランスがあって。人間、バランス！ いろんなバランス！ バランス！

シュウ おぉー、意外やね。

CHARA バランスが大事だよ。自分の、コレと、コレと、コレと、コレと……とかいう。曲もやっぱりバランス。どんどん、どんどん付け足してって、「何を落とすかえよう」と思ってますね。「ちょっと考えてみよう」と思ってますね。あ、コレいらないや！」って。大きくしすぎると、見えなくなっちゃう。「まず、いらないものをなくすことから始めよう」。「なくしたら、じゃあ、とりあえずここにくっつけよう」。なくせるモノはなくした上で、必要な音、必要な音が見えてきたりする。

シュウ それこそ、子どもって、親から見ると増えたもんやんか。インスパイヤーされるもの、あらへん？

CHARA そうよねぇ。それもバランス。なんだろうなぁ、センスとか、バランスとか。

シュウ 「バランス」っていう言い方エエなぁ。スピルバーグも、子ども出来てから作品が変わったっていうくらい、ものすごいインスパイヤーされてるって。

CHARA ま、正直言ってありますね（笑）。

シュウ ハハハ！ 「正直言ってあります」っていうところがポイントや。ありますね！「正直言ってあります」っていうところがポイント。

CHARA そうそう、ポイント、ポイント！ それ大事だね。

シュウ 夫婦それぞれのパターンがあると思うけど、日々、そのポイントで「確かめ合っとく」っていうのが、いちばん言えるのは、「気を遣う」のとなぁ、「思いやる」って境かな。

CHARA そうそう、そうそう。その「気を遣う」のとなぁ、そうそう。

シュウ まぁでも、いちばん言えるのは、「確かめ合っとく」っていうところがポイントや。「必要な言葉がお互い出てるか？」とか。ハグひとつでもなぁ、違うよ。

CHARA 目で話すタイプ？

シュウ 僕？ 僕は言葉。

CHARA 言葉。

シュウ しゃべる。でも、僕の場うな気がするので、「ちょっと考えてみよう」と思ってますね。

シュウ そこが難しいやんねぇ。男は男で、「寂しい！ 寂しい！」って言うたら負担かけるし……って思うしね。

CHARA 愛しすぎると、お互い「なぜそんなに気を遣うの」ってなる。

CHARA×Shoo Yamamoto

CHARA 合は注意書きがあるワケよ。僕はついついしゃべりすぎて、真実味を失うので、言葉少なに短く……。
シュウ ハハハハ。
CHARA やっぱしゃべる人って、気持ちの中にしゃべりたいことがあると、言葉が流れてくるから、増えんねヨ。その代わり、人より伝えにくいことを伝えられる、とは感じる。
シュウ なるほどね。だから、あたしは音楽やってるんだね。
CHARA そういうこと！　だから今回の企画の前に考えたよ。ミュージシャンはインタビューより、音楽で表現するんが得意で、それが仕事やねんから、それでエエやんと。でも、あえてミュージシャンに聞きたいというのは何でかというと、もう今や、教育というのが、僕らがガキのころに思ってた、要するに「先生のモノ」とか、「文部科学省が考えること」っていう世界じゃ、まったくなくなってて、極端な話、文部科学省は何も考えてなくて、現場でどれだけ考えられるかっていうことを待ってるだけやから。その間に、どんどん子どもらが、いろんな事件に巻き込

まれてね。いつ自分の子どもが巻き込まれるか、あるいは、いつ自分の子どもが孤独を感じて、おかしくなるかっていう世の中になってるから。「教育」って難しい言葉やけど、みんなの問題やと思ってるのよ。「今、みんな考えなぁ、ヤバイで！」って。ほんで僕は、特にその中でも、ミュージシャンに注目してるんよ。ミュージシャンって、細胞でいろんなもん感じる人やん。霊まで感じる人やから（笑）。やっぱそういう人の言葉が、ヒントになる気がするねん。もう、わだかまりなく、フラットで、感覚で、直観力で出てくる言葉……。今の時代を感じてる言葉。そこにヒントがある気がする。「チャラ切りサラダ」だってそうや。

今から本当の「CHARA」が始まるんだと思いますよ

シュウ 今、自分でCHARAのこと好き？
CHARA 今ねぇ、正直ねぇ、半分ぐらい。今、がんばってる時期。
シュウ 今までは、好きやった？
CHARA それもわかんない。
シュウ いろいろ？

Talk Session

Talk Session

CHARA どうなんだろ？ これから待ってるっちゅーに。ホンマやで。

シュウ それはなんで?

CHARA それは、今ね、あるイメージが、ちょっとやってる…。やりたいことが、すごく……。

シュウ 湧いてきた?

CHARA 前からあったんだけど、やってなかったっていうか……。自分の人生で、ちょっとやろーっていろいろ思ってて。いいリセットの時期なんですよね。

シュウ おぉ! これからおもしろなる?

CHARA いや、これからが、本当なんだろうと。

シュウ うっそー、エエタイミングで会うてるがなぁ。楽しみや〜。

CHARA ま、それは自分がいちばん楽しみなんだけどね。

シュウ ハハハハハ! みんなジャージでずっといるの、すっごいキライなんだけど。

シュウ え、どういうこと?

CHARA なんか、教育者としての格好じゃないと思うの。体育のときはいいよ。でも、ずっとジャージでいるような先生は、あたし、あんまりよくないと思うんです。子どもに、ちゃんと尊敬する気持ちを養わせるような、TPOに合わせた服装をしてほしい。私立の先生なら、ずっとジャージを着てる人、絶対いないと思う。そういうところから変わるだけでも、違う気がするけどね。

CHARA 感謝の気持ちを?

シュウ 要するに、CHARAが出来たお陰って誰?

CHARA うーん。まぁ、それは…、父、母も。友だちゃ、小学校のときの先生や、音楽の教室の先生とか。あと、なんて言うのかなぁ、あたしに自信をつけさせてくれた以外にも、逆の感情を覚えさせてくれたような人とかも……。

シュウ 「CHARAと会う」って言うたら、「あ、エエなぁ」ってみんな言うで。そんな中でや、こういうCHARAが出来上がったワケやん。「あぁ、あの人にはお礼言いたいなぁ」っていうような人おる?

今はやってないけど、PTA頼まれたらやりますよ

CHARA あたしね、学校の先生がジャージでずっといるの、すっごいキライなんだけど。

シュウ 体育のときは、ジャージに着替えてええんやろ?

CHARA もちろん、もちろん。だけど、キチッとしている先生は、ちゃんとしているんだよね。見てると緊張感が伝わるし、家でどんな格好もある。いろんな感情を与えて、いろんなことを考えさせてくれたっていうことは、やっぱり、よかったかなぁ。

好したっていいですよ。でも、学校の場で、なんて言うんだろう…、そんな人がさぁ、子どもの服装注意できないし、「上履き、踏むなよ」って言ったってさ」っていうこともある。子どもから、ナメグチきかれちゃうのでは? 先生の服装……。「あれはどうなのかな?」って。それをね。思ったなぁ、最近。

シュウ じゃあ逆に、家庭教育ってのが、最近テーマになってきてるんやけど。何を教えてる? 3つくらいにだいたい絞るやろ? 「あぁ、なんか教育よーわからん」、とりあえず、本人のしたいことさせたろ」とか、「全部、選ばさしたろ」とか。あれ? 今、子ども何年生?

CHARA 上のお姉ちゃんが、4年生になったんだけど、うーん、何をさせてるかな? 3年生くらいのときから、絞られてきたかな?

シュウ 子どもが自分で絞っていくん?

CHARA うん。習い事とかも、「やりたい」って言ってるのは、とりあえずやらせてあげてたんだけど、そのわりには、「やってないじゃ

ん!」っていうのがある。音楽とかもね。音楽はある種、強制に近かったんで、半分辞めさせようと思ってる。でも「辞めたくない」って言うから、「まぁ、やらせとくか」みたいな。私がピアノの伴奏したりとか、「それでいいのかな」って思ったりして。でも、だんだん絞られてきて。やっぱり私も3年生くらいからCHARAだったっていうか、もう、幼稚園からCHARAだったんだなぁと思うところで、上の子の例で言うと、もうそういうの、あるなぁーと思ってて。

シュウ もう出てきた。
CHARA 「もう出てるなぁ」と思ってます。その場合に、なんて言うんだろーなー。「まぁ、どうにかなるわ」って。「どうにでもなるだろ」、「勝手に育つだろ」っていう部分と、自分が、「あのとき、こういうことやらせてもらったらもっとよかったかな」って思う部分を、ちょっと混ぜながら子どもに問いただして。たとえば英語。「どう思う?」って。この先進国、日本で、英語は話せて当たり前の時代だなぁと思いますし。

シュウ 「なんで英語をちゃんとやらないの? どうして?」って、インターナショナルスクールとかも流行ってるけど、そんなちっちゃいときから行く必要ないじゃん、自分で興味持ったときに、行けばいいと思ってるんだけど。なんとなく、そういう話をしたの。
CHARA そういうところ、教育に興味持ってんや。
シュウ 私なんか、シュウさんと違って、娘の学校のことっていったら、アルバム委員のことぐらいしかやったことないからね。また今年もアルバム委員。あんまりPTAのことはやってないな。なんか当番がまわってくるぐらいで、今は全然。謝恩会のどうのこうのとか……。
CHARA 忙しくてやられへんで。
シュウ その前に、そもそも頼まれないけどね。
CHARA 忙しい思われてんちゃう?
シュウ 頼まれたらやる?
CHARA やりますよ。
シュウ やっぱりなぁ。こうやって「やります」って軽く言えるやんか。ここがな、自然体。今、自然体におれる人が、「やるよ」って言える世の中になってるんやね。その言葉が聞けて、今回、メッチャうれしい。

トークセッションを終えて、山本シュウのひとり言

いや〜、僕は、CHARAちゃんたち夫婦の、直感的に「オリジナリティ爆発!」っちゅう感じが好きやねん。ぶっちゃけ、CHARAはこの時期、どっちかぁいうたら充電期間で、取材は難しいかなぁと思うててんけど、快く受けてくれたことに、まず感謝。そして、「今後もそういうとこ、出来ることがあったら行くよー!」みたいな、何に対してもフラットな感覚と、教育に対しての問題意識の高さを、あらためて感じることが出来たなぁ。まさにそのバランス感覚こそ、今の教育問題を考えるときに、必要なもんやと思うわぁ。理屈ではなく、直感っていうね。
それにしても「チャラ切りサラダ」の話。あそこからヒントを得られること、いっぱいあったなぁ。

CHARA(チャラ)
1991年デビューアルバム「Sweet」発売。キュートな存在感とオリジナリティ溢れる楽曲で人気を得て、95年岩井俊二監督「PICNIC」映画初出演、96年映画、同監督作品「スワロウテイル」に出演。ボーカルとして参加したYEN TOWN BANDが大ヒット。その後、自身のアルバム「Junior Sweet」がミリオンセールスを記録。新たな女性アーティスト像を確立し、幅広い層からの支持を得ている。04年2月にセルフカバーアルバム「A Scenery Like Me」をリリース。
オフィシャルホームページ
http://www.charaweb.net/

うちの学校が「30人31脚」に出場。PTAのお母さんが鬼監督になった日

僕が司会を務めてたテレビ番組のプロデューサーが、テレビ朝日でやってる「小学生クラス対抗30人31脚」っちゅう番組に携わっている人で。この「30人31脚」は、全国のいろんな小学生が参加する、いわゆる二人三脚の大型版。ほんであるとき、「シュウくん、PTA会長やってるんだったら、30人31脚やれば」みたいな話になったんよ。

「あぁ、アレやってはるんですか。スミマセン、ちゃんと見たことないんですわ。でも、感動しそうですね」と僕は、世間話程度でしゃべっとったんや。で、「じゃ、今度ビデオ貸すよ」と言われて、**借りました！ 見ました‼ 大泣きでした！！！** もう、部屋でひとり泣きまくりやった。「これエエなぁ～。ちょっと学校に紹介したいなぁ」と思って。それでPTA役員の人たちに、「こんなんあんの知ってる？」って言うたら、「知ってる」っていうワケ。それで、役員に申し込み用紙を渡したんや。そんときに、ひとつ言っておいた。「これはテレビの企画なので、変に誤解されたくない。僕がテレ

ビに出たいとか、うちの学校をテレビに出したいとか、そういうふうに思われるのがいちばん怖い。なので、『こういう企画あるんやけど』って持ってきたのは僕がみんなで話し合って、『いや、やっぱりアカン。テレビにうちの子は出せない』っちゅう反対意見が多かったらやめようや」と。何も番組に知り合いがいたからいうて、最初のとっかかりだけで、結局、選考なりは予選なりはみんな一緒やからね。とにかく、僕がこういうメディアの仕事をしているからこそ、メディアに関わることをどんな場面でもやっちゃうと、なんかこー、売名行為とか言われがちなんや。

僕は単純に、**「こういうチャンスってエエなぁ」**と思っただけや。ひとつのことを、一生懸命目標に向かって、日々努力して、その中でうまくいかないことがあっても、それを乗り越えるために道を探すことや、お互いを励ますことや、励まされたほうも友だちの大切さを知ることや……、そういういろんな経験のチャンスがある番組やと思ったんや。もちろん、部活に入るとか、少年野球チームに入るとか、そういうことでも同じことを学べるワケ。でもこれは、絶対同じクラスでやるっていうのがルールやから。やればクラスもまとまるんちゃうかなぁと。あるいは、クラスで思い出がひとつ出来るんちゃうかなぁとか。そう思ったんや。それとね、もうひとつは、「誰も見

捨てない」っちゅーことよ。要するに、脚が遅いからって、「お前入れない」ってことやなくて。この競技のすごいところは、たとえば100mを15秒で走る子がいて、遅い子が18秒やったとするやん。ところが、15秒で走れる子と一緒に走ると、18秒の子が、17秒で走ったり、16秒で走ったりすんのよ。それがすごいやん。ビックリしてしまうのよ。だから、ひとりで走ると遅いけど、みんなに支えられて協力すれば、すごい実力を出してしまうワケよね。そういうことも学べるんよね。しかも、そこで失敗しても、いかにみんなと呼吸を合わせるのが難しいかとか、いくら自分が速くても勝ってないんやっちゅう、**チームワークの大切さ**みたいなもんも学べるんよ。僕なんか野球というチームプレイやって、その難しさと喜びを知ってるから。あの番組を見ると、たぶん自分らが熱くなったときのことを思い出したりもしてるんやろうし。なんかこう……泣けるんよねぇ。あとはね……**眠っている熱さを呼び起こさせる**っちゅうか。そういう気がしたんよね。冷めたヤツがいたとしても、気がついたら熱くなってたとかねぇ。今の子はそういうチャンスが少ないんよね。時代も変わってきたしなぁ。

で、5年生のチームで「やろうぜ」って話になった。そこでや。来ましたよ、テレビ局から!「ラジオDJ・タレント山本シュウさんがPTA会長をやっている小学校

ということで、シュウさんを撮らしてほしい」と。「来た、来た！　案の定、来ましたでぇ～」と僕は思った。そして言うた。「申し訳ないんやけど、テレビを作る人たちの気持ちはわかる。でも、ありえへん！　それだけは。それだけは絶対させへん」と。

そういうことで、すごく悲しかったんやけど、ここはひとつ、いちばん感動して泣きたい自分を犠牲にせなアカンなぁと思ったんや。僕も手伝いたかった。練習もすごく参加したかった。みんなとゼロから体験していきたかった。一緒に泣きたかった。

けど、テレビっちゅうのは、何でもエエから話題がほしいんよね。ここはこんな怖い先生がいる、ここはこんな熱い想いがある、ここは土地柄練習するのが難しい……なんかわかりやすい個性というか、わかりやすい絵にしたいっていう。その中のひとつとして、**「ここはタレントがPTA会長やってる学校」**みたいなね……。子どもがやってんのに、大人がフィーチャーされたらアカンやろ。こういうことって、誤解されたら意味ないんよね。変な話、ボランティアとか寄付とか、そういうもんって、誤解された想いが純粋であればあるほど、目立ったら誤解されることもあるやん。だから極力目立たんほうがエエんよね。あるいは目立つんやったら、利用してると思われようが、ホンマに声を大にして、**「じゃあ注目してくれ！　中身を見てくれ！」**と。出るか、出

ないかやと思うんよね。もし僕が芸能人と呼ばれない人でレモンさんやってて、そこでフィーチャーされるんやったらエエけど、もともとテレビに出ることが仕事の人がそこでテレビ出てもうたら、見てる人は迷うっていうか。こんがらがるやん。いちばん怖いのは、子どもたちの純粋な気持ちが陰になって、僕が利用してるみたいな。最悪のことになるんよ。だからそれだけはイヤやから、練習にも顔出せない、悪いけど。

逆に言うとね、何も僕がいつも引っ張らんでも、**「役員のお母さんたちだけで、ちょっとサポートしてみてよ」**と思った。「がんばってみてよ」って、頼んだ。

で、練習が始まりました。これがまったくうまくいかへんワケよ。まずはふたりで脚を結んで、それをだんだん多くしていくんやけど、うまくいかへん。ビデオ見て、みんながどんな声のかけ方してるかとか、全部研究してるんやけどな。ああでもない、こうでもないって言うて、最初は大人が試行錯誤するワケよ。PTAのお母さんが!! しかも子どもたちは、やる気あるんかないんかわからん状態で。途中「誰のためにやってるんだ」っていう雰囲気にもなった。ところが、だんだんリーダーシップ取るヤツが出てきたり、うまくいくことが面白くなったりして、軌道に乗ってきた。でも、お母さんときには「ちょっとダルいなぁ〜」っちゅう空気にもなったみたいやけど、お母さ

が、「やるって言うんでしょ!」って怒鳴るみたいなねぇ。でも、だんだんよくなっていった。僕はちょっとだけ最後のほうの練習を見に行ったんやけど、そんときビックリしたんは、お母さんたちと、子どもたちの呼吸が合ってるっちゅうこと。

お母さんたち　**「ハイ、みんなやるよ!」**

子どもたち　**「ハイ!!」**

みたいな。ほいで、お母さんが、お母さんじゃなくなってて、もう、野球部の監督と同じようなオーラを持ってるワケよ。**「ハイ、行くよ!　並んで!!　足上げて!!!」** みたいな。すごい!!　みんながみんな、何か成長してる。まずそれに驚いた。で、普通やったら、お母さんたちが、**「ちゃんとやりなさいよ、コラァ!」** って言うたら、「うるさいなぁ。やめだぁ～」ってぐらいになってエエのに、子どもたちは「ハイ!」とか言うてんのよ。「なんや?　やれんねんやん!」みたいな。僕、感動して。ところが本番まで「時間がない。間に合わない!　間に合わない!」って言うてるワケよ。さぁ、そこでや。誰も予想でけへん、信じられへんドラマが起こるワケやな。

「30人31脚」東京予選へ。そこで奇跡的なドラマが起こる！ありえへん！

「30人31脚」の東京予選大会当日。僕は仕事が入って、結局行かれへんかったんやけど、現場のPTAの役員さんとメールのやり取りだけはやってた。

で、なんとその日の朝、事件が起こった。ひとり、脚をケガしてもうたんや。「もう走れない」と。参加する生徒が30人やったし、エントリーの最低人数に足れへんようになってもうた。ケガした子は、申し訳ないと思って見には来たんよ。ただ、どうしてもムリやと。で、運営しているところに事情を言うと、「じゃあ一応走ってください。思い出にね。でも記録は出ません」って言われて。みんなも「わかりました」言うて。**「思い出のために走ろうぜ」**ってなった。

全部で2本走るんやけど、最初の1本目。実は結局練習が間に合わんで、全員で走るのはナントこれが初めてやったんやて。ある意味ムチャクチャなチャレンジャーやってんけど、もっとムチャクチャなんは、ナント！ ナント！ ナント！ 走ってみれば、つま

ずいてコケるどころか、今まで練習では出されへんような、自己ベストタイムが出たワケよ！　**いきなり！　ありえへん!!**　子どもっていろんな意味で怖いよね。もちろんみんな大喜びや。お母さんたちは、もう泣いてるし。そこでや、また感動的なことが起こったんや。1本目を走り終えた子どもたちは、ケガをして走れんかった子のところへ、ブァ～ッて寄ってって、ナント説得にかかったワケや。

「**あと1本、一緒に走ろうよ**」
「**お前にもあの感動を味わわせたいんだ。一緒に練習してきたんだから**」
「**俺たちがカバーするから。最後の1本、一緒に走ろうよ**」

って言って。ここでお母さんたちは、その子どもたちの姿に号泣よ。その説得にケガした子は、「こけるかもしんないよ」と。でも、OKしたワケや。それでまた運営のところへ行って、「最後1本は、30人で走ります」と。スタッフも、「わかりました。記録を測ります。ただ1本目はノーカウントです」と。

ほんで2本目……。誰もが「コケてもいい。何でもいい。みんなで走れることが大事なんや」と思った。緊張のスタート！ みんなが大声で叫ぶ!!

「行けー!」
「ガンバレー!」
「あせるなー!」
「声出せー!」

……そして、ゴール!!

出ました！ またまた自己ベスト!! さらに自己ベスト！ 出たぁ!! 奇跡だ!! しかも全体の5位以内！ 上位は6年生のチームばっかりで、5年生ではトップ！ ケガしてる子が入り、初めて30人で走って、泣けない親なんかいてるワケない。もう全員泣いたらしいよ。親の顔はグチャグチャやったらしい。「これ以上すばらしい結果はない」と。ましてやドラマがあって、日頃の練習以上の実力を出せた満足

感と、また、ケガして走れない状況のヤツが根性出してくれたことに感動！　自分たちの中での、まぁ言うたら優勝やんねぇ。堂々と誇れる結果やったんよ。

それで僕はと言うと、その状況のメールを全然違う場所でもらうワケよ。ケガをして走れない子がいて、どうも今日は記録が出せないらしいという一報が入ったときには、正直ちょっとがっかりやってんけど、でもそのあと、1本目で自己ベストが出たと知ったときは、「すごいなぁ」と思った。僕はもうそこで感動してた。**「カッコエエ！　ドラマティックすぎるやん！」** って。また、そのあとのメールがやなぁ、長文で、2本目のドラマが書いてあるワケや。そんなんもう、僕がいる場所がどこであろうがやねぇ、泣いてもうたワケよ。その文章読んで。「ありえへん！」と。「なんやコレは！」と。「小説か？」と。これはもう、ホンマ、「メール読んで泣いたん、初めてのことや」っちゅうの。

あとから親たちに聞いたら、最初は「エェ〜、ホントにやるの？」みたいな子どももいたんやて。ところが、これ

が不思議なことに、学校のクラスでは目立てへんかった子が、30人31脚の練習が進めば進むほどリーダーシップ取り出して、みんなを励まし始めたんやって。印象がかなり変わった子がいたんやって。「エェ！　この子こういう子なんだ！」みたいな。ほかにも、いろんな子がいろんな個性を出してきたらしい。それがまず、親たちにとっても発見やったし、プラスやったし。

ほんで最後にな、その会場で、終わってみんなが泣いてるときに、子どもたちから、「お願いしますから、来年もやらせてください。来年もコーチしてください！」って言われたんやて。　もちろん親たちは、さらにグシャグシャになって泣いたんやって。感動の連続やねぇ。それから仕事場で、例のプロデューサーに会ったときに言われたんよ。「シュウくんのところの学校すごかったね。感動したよ」って。プロデューサーはいろんな学校見てて、いろんな感動する学校はあるんやけど、「いや～、シュウくんのところのは感動したなぁ」って、言うてくれたワケ。

で……結果から言うと、やっぱり次の年は「出られない」っていうことになっても、「受験勉強あるんだから」って反対した親がいたんよ。がっかりやけど……。

まぁ、それはそれで1回でもいい経験出来たから。

僕は今回のこのことで、さらに強く思ったんよ。子どもたちの心の中には、本来人間が持っている、熱さとか、純粋さとか、そういうものは絶対あるワケよ。ただ、**「それを引き出してあげる環境作りっちゅうのを、大人はやってるか？」**と。親も一緒。PTA始めるときに、「一艘の船」の話をしたように、心にしまっている熱さを、いかに呼び起こすかっちゅう。

この「30人31脚」の出来事は、学校と協力し合って、PTAからもそういう環境作りが出来るんやっちゅうことを、あらためて証明したんよね。

PTA選出委員会の内容は秘密。お前らエエ加減にせえよ！それでも大人か!?

　ある12月某日、PTA主催の「ミニ運動会」っちゅうのをやったんや。お父さんやお母さんが準備して、障害物競走とか、ちょっとしたゲームみたいなんを2時間くらい。参加は自由で、都合がつく子どもだけが来るというもの。そして、その運動会のあと、体育館に希望する親だけ残って、「**レモンさんと語り合う昼下がり**」っちゅうぶっちゃけトーク会っていうのんもやった。

　結局、参加したお父さんはたったの4人。そのとき話題にものぼったんやけど、やっぱ「みんながPTAの活動に進んで参加するためには、どうしたらエエんか?」、特にお父さんたちの参加っていうんは、今や日本中の課題なんやね。

　とは言うものの、私立はものごっつい熱心にやらはるとこが多いんよねえ。それこそPTA役員を決めんのに、立候補があって、選挙が行われているところがあるワケや。それほどみんな進んでやりたがってるんよ。その理由のひとつには、私立ってい

142

うのは、最初っから「お父さんお母さんが、学校に関わらないとお話になりませんよ」的に、「子どもの教育とはそういうもんやで」と強く言われているワケ。さらに、私立に通わせてる親に聞くと、ぶっちゃけ、どうも子どもの内申書に響くかもわからんと。それを恐れてる親もいて、一生懸命PTAに参加するワケや。**わかりやす〜！**

一方、区立は、場所によっては「会長やりたい！」っていう人がたくさんいるという学校もあるし、ひとりの会長が何年も当たり前の空気の中で続けていて、なかなか次の人がなりにくいという学校もあるらしい。それでも、**「みんなイヤがって、会長やりたい人がいません」**っていう学校がたくさんあるのが現実や。

ぶっちゃけ、区立に通わせている家庭には、フルタイムで働いてるお母さんや、お年寄りの介護をしながら子どもの送り迎えをしてる家庭とか、「PTAどころじゃないよ！」的な親が多いので、PTA活動を出来るだけ避けたい、やりたくないワケ。「運営委員ならいいけど、執行部役員は勘弁して」っていう、そういう空気があるんや。

だから、「全員1回はやらなアカン」っていう決まりがある学校もあれば、「ポイント制」っていうのがあって、たとえば「役員やったら何ポイント、学校行事に参加したら何ポイント」って、1年間で最低何ポイントは稼がなアカンという学校もある。

要するに「平等にポイントをクリアしましょう」っていう。みんながみんな関わってるんだから」っていう。これがまたウマイことといってたりするワケや。

でや、うちの学校はどうしているかと言うと、まず、各家庭にプリントが配られるんや。で、会長やPTA役員になりたい人は、自分の名前を書いて立候補する。さらに、「誰々さんがいい！」っていう推薦も受け付ける。ぶっちゃけ、立候補者は皆無！推薦はチョロリ。ほとんどが、お任せの委任状。**なんじゃそりゃ!?**

そして次に選出委員というのが動き出すんや。PTAやってくれそうな人の情報を集めて、プリントの集計もして、「じゃあ推薦もあることだし、会長はレモンさんに頼もう」って決定。じゃあ、副会長は？「○○さん、○○さん、○○さん……」。じゃあ学年さんは？「○○さん、○○さん、○○さん……」って候補者のリストを出すんよ。で、片っ端から電話や直接会って、口説いていくねん。口説くんは、もちろん選出委員やで。でも、全然決まれへん。「レモンさんがやるんやったらやってたり、逆に「レモンさんがいるならやらない」って人もいるやろうけどな。それでどんどん口説いていくワケや。で、決まるワケや。

ただ、**「誰がリストに上がっているかは内緒よ」**って言われる。「ここだけの話で」

って言うんよ。最初「なんやそれ?」って思ったけど、その理由がしょうもないんよ。たとえば選出委員が「○○さん。今回役員やってもらえませんか?」って電話かけるやろ? そしたら「聞くところによると、Aさんの家に行って断られたからうちに来てるんでしょ? 私は2番目でしょ? そんなん気ィ悪い」っちゅうて、断る人もおるんよ! なんじゃその理由は? それとか、立候補・推薦を募ったプリントの結果で、「○○さん、推薦が出てるんですよ」って言うと、「誰が推薦したんですか? 私のこと嫌ってる人の嫌がらせですか?」とか言うんやって! 推薦されて全然喜ばへんワケ。そういうのがあるから、「会長には、本当はあの人になってほしいなぁ」って思うけど、文句言われるのが怖くて、推薦状も書かれへんっちゅうんよ。**呆れて腰**

抜けそう!

こんなんもあるで。たとえば、山田さんが鈴木さんを推薦しました。それを田中さんが知りました。田中さんは「山田さんは私を推薦してない。ましてや、私の嫌いな鈴木さんを推薦してる。ハッハーン、山田さんは鈴木さんの手下ね」……みたいな。

だから選出委員会の内容は秘密やねんって。呆れるやろ?

さらに、前に書いた「サポーターズ」で一緒に飲んだりすることがあるんやけど、

そんときお父さんに、「来年、役員やりません?」って言うたりすると、奥さんが「ほら! あんなとこ行くから、言われるのよ。もう行っちゃダメ!」と、サポーターズに参加するのを奥さんから止められている人もいるんよ。これが現実や。

さぁ、そこでや。「なんかおかしないかぁ〜?」と思わへん? 僕は正直、そういう実状に直面するたんびに、体中から骨のすべてが抜けて、まるで水揚げされたイカのようにクニャクニャしたくなるほどイライラしてくるんよ!

おっ、お前らエエ加減にせえよ!! それでも大人かぁ!? **誰のためのPTAやねん!!** 言いたい放題! 逃げ放題かぁ!! 何のために集まっとんねん!! お前ら学校に文句言う資格ないわぁ、ボケェ! エラそうに言うんやったら、お前らが仕切れ!! **大人っちゅうんはなぁ、逃げるんとちゃうんや!** 立ち向かって行くんやぁ! ガキには見つけられない、道なき道に、道を見つけ出せるんが本当の大人やちゅうねん! **大変なんはどこも一緒じゃあボケェ!** 自分の子どもが犠牲者にならな、気づかんのか〜!! 大変や言うて、自分が助かって子どもを犠牲にすんのか!! **根性無しの腰抜けヤローめ!!** どうやぁ! ガラ悪いやろー! 俺こそガキっぽいやろー! こんな俺に怒れよ!! **こんな俺をシバキにきやがれ〜!!** そんだけ熱いもん

見せてくれ〜‼ そしてその根性で、PTAだろうが、PPPだろうが、ぷーぷーぷーだろうが、**何でもエエから、子どもを守りに来い‼**「人に任せときゃエエわ！」的なんはもうやめてくれ‼ **カッコ悪いんじゃあぁぁぁ‼**

……なんて、直接言わへんけど、もう、発狂しかけるわ、ホンマにー。

でも、会長ってそんなポジション。会長を受けたら、そういう「間違ってないか？」と、もうってのも含めて、「ワメかんと、切れんと、まとめるのが仕事ちゃうかぁ？」と、もうひとりの僕が僕に突っ込み入れてるんよ……。ホンマ腹立つでぇ。大人が僕を苦しめるんよ。お前さんたち助けておくれよって。ホンマに……。

だからポリープ出来るねん。ポリープ8個もあるんよ。胃カメラ飲んだら、先生が「あー、ちっちゃいの8個ありますねー。1つ大きいけど、つまんどくから大丈夫。良性やし。でもなんかで悪性になると、それガンやから……」って、**「えーー！ 先生！ さらっと言うなぁ」**。僕、ビックリした。

こういうこと「おかしいやん！」って言うのは簡単。でも実際人間ってそうやん。おかしいこと、平気でやりよんねん。それをどうモチベーション上げながらまとめるか、どう支えていくかが、大切っていうことや。

「忙しい」っていう理由はカッコ悪いんや！大人がヒーローにならなアカンねん!!

前の回で、「PTAに対しての参加意識が低すぎる」っちゅう話をした。で今回は「それじゃあPTAに対してのモチベーションの上げ方は？」を具体的に話すでぇ。

まずはその答えを先に言うとこ。

ズバリ!! **「レモンさん式・ヒーローのすすめ!」** や！

……いやいや、大真面目やから！

なんじゃそりゃ？　ふざけてんのか？

簡単に言うとやな、「子どもにとっては、いつの時代も、**大人がヒーローにならなアカン！**」っちゅうことや！「忙しい、忙しい」って言い訳してる大人に、「ヒーロー

148

になれ!」と伝えることが、モチベーションを上げるポイントや。

「ヒーローなんかになってる暇ないねん」というモチベーションの低い連中に言いたい! エェかぁ、エェ加減、**自分に言い訳すんのはやめろよ!** 目を覚ませよ! いつの時代も暇なヒーローなんていてへんのじゃ! ヒーローは忙しいんや! ヒーローは大変な状況の中で戦うからヒーローなんかい! 子どもたちのことをいちばんに考え、決して諦めず、子どもを救うために何かをしてくれるんがヒーローやねん! それでもまだ「何をエラそうに言うてんねん、このクソレモン!」とか、「ワシらが働かな家族は喰えんで死ぬんや!」とか、「人にはいろんな状況があって、お前んとこみたいな中途半端な環境にいる人ばかりと違うんや!」と、ほざきたい人に言うとく。

毎日、毎日、子どもを取り巻くイヤな事件が報道されて、何が今、世の中で必要なのか、まだわからんか? 教えたるわ! 「**心**」や! それを育み守るのが大人の役目や! 自分の子どもが事件に巻き込まれたり、社会に押し殺されそうになってから、後悔しても遅いんやでぇ! そしてハッキリ言うとくで。子どもを持つ親にとって、「忙しい」っちゅう言い訳は、とことん **「カッコ悪いねん!!」** わ

かるう？　それを立派な大人の理由にしてることはホンマに「恥・ず・か・し・い！」。それでもまだわからんか？　それでも言うかぁ。「PTA活動、子どもの通う学校の活動には参加できない」、理由は「忙しい!?」。わかった、それじゃあ、「忙しい」としようや。確かに忙しいのかもしらん。だからPTAの役員も6年間1回もせんでもエエわ。ほんだら聞くが、**1年365日×6年＝2190日のうち、1日も、1分も手伝われへんか？**　運動会の準備、あるいは後片づけ、1分も手伝われへんか？　そこまで忙しいんか？　ならば、せめて「僕ら忙しい親の代わりに、暇なレモンさんにPTA会長を5年も務めてもらって、おおきに！　暇な人万歳！」ぐらい、この忙しい僕に電話でも、メールでもひと言も言う暇もないんか!?　「ふざけんな」と言いたい僕の気持ちもわからんか？　それどころか、「どうせレモンの野郎は好きでやってるんやろ？」と思うか？　あのな、ぶっちゃけて言うけど、僕は毎年「辞める」と言ってきたんや。それは、イヤとかじゃなくて、ひとりでも多くの人が会長という貴重な職を経験するべきやと思ってるからや！　ところが毎年、毎年、誰もやろうとせえへんねや。それにこの原稿だって、誰が何で今も睡眠時間削って、ノーギャラ（もちろん自分で断ったから）で必死に書いてんねや？　好きだけでやれるか？　理由はな、ハッキリ言う

150

でぇ！ **これを読みもしない無関心な親の子どもたちが心配で、心配で、寝られへんぐらい心配やからや!!** それに僕には聞こえるんや、恐ろしい事件に巻き込まれた子どもの悲しい叫び声が、悲しい泣き声が、おびえてるその震えが伝わってくるんや！ これ以上、何の罪もない、いたいけな子どもたちに、悲しい事が起きるのを見たくないんや！ どんな子どもを見ても、そこに幼き頃の自分自身を映し重ね合わされへんか？ そんな危険な世の中を、僕ら大人が作ってると思いたくないんや！ ひとりの大人として普通に思うからや。だから、**みんなでヒーローにならなアカンねや！** わかったか？ 2190日中忙しいとのたまう、カッコ悪い、言い訳ベタな大人たちよ!!

そして僕は、ヒーローが集まるPTAは、決してしんどいことだけじゃないんやと、その分メチャクチャ得もするんやと伝えたいんや。

「じゃあPTAやったら何得すんの？」って話をしよう。僕はこう思うんや。

感動……何はさておき、大人になればなるほど感動するチャンスが減るんやな。ところがPTA活動を通して、子どもの成長を目の当たりにしたり、親同士が互いにがんばれたこととかに、涙を流すぐらい感動出来る。これは美容と健康にもいいよ！　若返るよ〜ん！

情報……学校の状況＝子どもが置かれている環境がよ〜く見えてくるし、地域で起こっている事件や事故などの情報もすぐ入ってくる。先生と話すチャンスが増えるし、何よりそれらによって、子どもの心が見えてくる。これは重要！

関係……親同士のよい関係が出来る。コミュニケーションの場として、友だちも出来る。大人は悩みごとをついつい自分の中で抱え込みそうになるけど、PTAの仲間に気軽に相談出来るようになって、ストレスを解消出来るチャンスも増える。

ただね、フルタイムで働いている人や、お年寄りの介護をしてる人がやるのは確かに大変やし、気がつきゃ自分の家庭をほったらかしにし過ぎて、本末転倒してしまうのはマズイ。とは言うものの、学校のことに興味を持ったり、子どもを取り巻く環境に注意を促すことは、**「お金を稼ぐことと同じくらい重要なことや」**っちゅうことも忘

れたらアカンって思うなあ。

大変やけど一生懸命PTAやってる「親のうしろ姿」こそカッコエエし、それが最大の教育になるし、子どもとの信頼関係を結び、深めるビッグチャンスやと思うんよね。

文句言うヤツほど何もせんし、何も得ん。だから、学校に関わる活動は子どものためにだけじゃなく、自分のためにも貴重なんやと。「忙しい」は理由にならへんと伝えることが、モチベーションを確実に上げることやと思うでえ。

合言葉は「ヒーローになれ！」

形式ばっかりの卒業式。卒業していく子らも、心配やないんか!?「本気の心」を見せろや!

今や日本は、以前僕が住んでた治安の悪かった頃のニューヨークと、そない変わらへん。日々起こる痛ましいニュースに勝手に押しつぶされそうなくらいや。**はよ日本人は意識変えなアカンでぇ!** 一日でも早く解決せなアカン問題が多すぎて、社会を形成するひとりの大人として、落胆続きやねんなあ。特に日本人の「心の病」に関しては、大人も子どもも今や甚大な問題やからね……。

何でこんな話から始まったかっちゅうとやね、「あなたの学校の卒業式、見直しませんか?」っちゅうことを言いたいんや。どういうことかと言うと、ぶっちゃけ前々から僕が体験してきた卒業式には、本気の「心」を感じられへん場面が多かったんや! どうです? いまだに形式大優先になってまへんか? 心が伝わらん、難しい言葉の多い、クソ眠い挨拶関係とか、子どもらがやらされてる感のあるムダな雰囲気。そら、

「式」っちゅうぐらいやから形式が大事なんはようわかる。でもやな、**その形式に縛られて、「肝心なもんを見失ってないか？」**っちゅうことやねん。

たとえばうちの学校は、校長先生が手品を見せてくれたんや。何も手品がポイントとちゃうでぇ。生き様や。ひとりの大人の「本気の心」や。それとか、いつも子どもたちを見守ってくれてた地域の会長さんであるおじいちゃんの、愛情のこもった涙や、PTA役員のお母さんで、別に自分の子どもが卒業するワケでもないけど、号泣して溢れ出す涙をぬぐってるその姿。そんな大人たちの温かい心に包まれながら卒業生が巣立っていくのが、本来の卒業式やと思うんや。

じゃあレモンさんは何をしてるかっちゅうと、毎年卒業式のとき、**「レモンさんコール」**っちゅう名刺を、卒業生全員に手渡ししてるんや。そこには僕の携帯電話の番号とメールアドレスが書いてある。もちろん、プライベートで使ってるヤツや。これはPTA役員のお母さんの旦那さんが、パソコンで作ってくれた手作り名刺や。そして僕は、「卒業しても何かあったら、レモンさんのところへ電話しいやぁ」っちゅうんや。

何でこんなことしだしたかっちゅうとやね、僕が名刺を配り始めた頃の世の中は、子どもたちが大人から虐待を受けるというニュースがすごい話題になってたんや。それと、DV（ドメスティック・ヴァイオレンス＝家庭内暴力）も話題になった。さらにこの長引く不況。そういう時代背景で、どの家も楽しく生きていくのが大変な時代に突入してたんや。そんな中、思春期の子どもたちが巣立っていくんやでぇ。**心配で、心配で、どうしょうもなく心配や!**

思春期――。諸説あるみたいやけど、大体11、12歳からを思春期って言う。子どもたちは、体の変化と共に自己に目覚める時期にいるワケや。自己の目覚めが起きると、「何のために生きてんの?」とか、「何のために生まれたん?」、「生きるってどういうこと?」……そういういろんなことが疑問になるワケやね。今まではママ、パパに、「こうしなさい、ああしなさい」と言われれば、「ハイ」、「ハイ」、「ハイ」と、なんかこう、言いくるめられてきた。「なんで?」と思ってきた。ところが「なんで?」、「なんで?」、「なんで?」、「ママ、パパが言うことは正しい」が出てくるのが思春期。でも、「なんで?」は起こるけど、自分で答えは見つけられへん。

たとえばお母さんが「これはダメよ」って言ったときに、それを受け入れる意味がわからへん。答えがわかったら受け入れられるんやけど、たとえその親の言う回答を聞いても、説得力があれへんかったら意味ないんやな。だから反抗したくなる。それに反抗することで、「自分を持ってるで」と思う。**「自分がここにある」って証**にしてるんや。

そんな子どもたちが中学へ行くんやで。中学って、それこそ小中一環校作ろうぜって言ってるくらい、心が成長する微妙な時期なワケよ。そんなときにイジメとか受けたら、エライことになるワケよ。さらに、セックスとかして（この国はセックスをする決定権＝性的自己決定権を13歳で認めている。おかしい！）、子どもつくったら身も心もエライことになるワケよ。

自分自身を振り返ってみても、中学で詰襟着た瞬間、なんか大人になった気になるやん。「先輩！」って呼ぶ人が出てきたり、タバコとか陰で覚えたり（笑）。ところがそんなときに、恥ずかしくて親にも相談でけへんような悩みを抱えることが、いちばん起こる時期でもあるんや。

だから僕の場合は深夜ラジオを聞いてたんよ。深夜ラジオでは、全国のおんなじ悩みを抱えたヤツのハガキが読まれ、人生の先輩であるパーソナリティが答え、「なるほど」と思う。「毛が生えるのは普通や」（笑）。「女の子のハダカばっかり想像するんは普通なんや！」、「ひとりエッチもみんなやってるんや！」っちゅう安心感。まぁ、そんな悩みばっかりやないけど、でもとにかく、悩みを誰にも相談でけへんかったら、どんどん、どんどん悩みが増えていくやん。ほんで何か問題……たとえばDVとか、虐待とかが家の中であって、事件にでもなったとしても、**「学校は知りませんでした」って報道で言うやんか！**そりゃそうなんや。だって先生は家庭訪問しても、その子の家がどういう家族構成かなんかも聞かれへんし、ほとんどプライベートな話は聞かれへんらしいやん。そんなんで子どもの心の何がわかるっちゅうの？で、こんな話になると、必ず「学校はあくまでも勉強を教えるところです」みたいなことになってくるんよね。僕から言わせりゃ、**アホか！**ひとりの大人として、誰の子どもだろうが、助けるんが大人やろ！**何を逃げ腰な言い方しとんねん！**「いつからそんなんが教師っちゅうもんなったんや？」と思う反面、「プライベートなことを聞かれる必要はない」と思ってる親

御さんに、**「ならば学校に頼りすぎんな!」**と言いたいんよね。

……と言って、僕のやり方は間違ってるんかもしらんし、あまりに直接的過ぎるかもしらんけど、ただ、これだけは言うときたい! こんな僕を批判したけりゃ、それに代わるくらい、素晴らしく、心をこめて本気の示せる方法を、すでにやってるヤツ限定で言うてきぃや!

僕はただ、子どもらが卒業して、なんか最悪なことがあったら、悲しすぎるんや。

「僕、なんにもでけへんかったんかなぁ」とか、「僕、なんかやっとくべきやったんちゃうかな」とか。そんなん思いたくないんや。……で結局、いまだかつて、そんな悩みの電話は入ってへん。でも今後、ひとりでも相談してきたとしたら、意味があると思うてる。それに、姿勢として、レモンさんというひとりの大人が、**本気で「心」を伝えようとしてる**っちゅうのが、子どもたちや、大人たちに伝わればエエなぁと思てるんや。ひとりでもなんか感じてくれたら……っちゅう想いよね。ひとりでも。

そういう大人ばかりに見守られていれば、昨今の事件なんか起こらへんで。起こらなくてもよかったハズの事件ばっかりやろ?

「諦めない、見捨てない、見放さない」。それが本来の教師の姿、大人の姿やねん！

卒業式で「自分の携帯電話の番号を書いた名刺を、子どもたちに渡す」っちゅう、なんともお節介なことを書いたけど、でもなぁ、僕よりもっともっと**お節介という名の愛**をもって、名刺を配ってる人がおるんやな。その名も「夜回り先生」こと、水谷修（おさむ）先生。ある意味同じシュウさんやねん。関係ないか、失礼！

知ってる？　夜回り先生。テレビのドキュメントとか見た？　夜間高校の先生で、授業が終わった後、深夜の繁華街を個人的にパトロールしてるんやけど。僕は、その先生のことをPTAのお母さんからチラッとだけ聞いたとき、「そうかぁ～、やっぱりそんな先生いてんねんな～」と嬉しくなったんや。でもそれっきり忘れてた。そしたら去年、僕が山梨英和大学の学園祭に呼ばれて、トークライヴしたんやけど、そんときに、もうひとり講演をしに、その「夜回り先生」が来てたんや。結局時間の都合で、会うこ

とも話すこともでけへんかってんけ␣ど、それがきっかけで彼の本を読んでみたら、また嬉しなってな〜。つまり**「本気」**やねん。**「生き様」**やねん。**「命がけ」**やねん。人生かけて13年も「夜回り」し続けてるんよ。もう大リスペクトや！でも僕が思うのは、本来それが教師の姿であり、大人の姿やと思うねん。先生は2004年度いっぱいで、22年間の教師生活にピリオドを打たれたらしいし、体のほうも病気にかかられてるそうで、マジ心配です。他の先生方も、PTA役員や親御さんも、この夜回り先生からもPOWERとヒントを感じてほしいんや。なんの？それが今回のテーマや！それはズバリ！**「諦めない、見捨てない、見放さない」**や。で、仕事は違うけど僕は「夜回り先生」の気持ちがわかるし、先生の存在自体が嬉しいから、今回はちょっと、僕自身の仕事周りの話をしながら「夜回り先生」ならぬ、「お茶の間回りDJ」としてのメッセージを送りたいと思うねん。

　まず、実は僕は今まで、ラジオで、それも全国ネットのレギュラー番組や、あとテレビ番組でも、何度も自分のプライベートで使ってる携帯番号を、公表してきたんや。

もちろん最初は、多少不安やった。いたずら電話や嫌がらせ、脅し電話ばっかりかかってきたらどうしょうかと。……と言っても、それが怖いんと違って、本来聞きたいメッセージが入らなくなるのが困るな〜っちゅうことやねんな。怖いんやったら初めからそんなことせーへんから。それにこれまでにもっといろんなこと経験してきてるから。腹はとっくにくくってるし。それどころか、うちの子どもたちまでくくってるっちゅうの！で、結果的には、もちろん「お前死ね！」、「殺す！」、「調子乗るな！」、「今から行くから待っとけ」などの脅しから、変態電話から、無言電話なんかもかかりまくった。でもある程度の期間が過ぎると、そんなイヤな電話はほとんどなくなってきた。予想どおりや。なぜなら、嫌われる理由がないはずやと。こんなエエヤツなかなかおらんと、自分がいちばん思ってるからやねんな〜。ホンマ能天気な僕。あとは「ただいまぁ。シュウさん」って、知らない女の子から朝4時ぐらいに留守電に入って、「寂しいよ……。……今日はお店忙しかったです……。おやすみなさい」とか（笑）、要は寂しくて、誰かに聞いてほしくて、別にそれがたとえ留守電でも、あとでシュウさんが聞いてくれるんだと言う安心感みたいなものを感じながら、話しかけてるのがよ〜くわかるねんなぁ。そういう日記的な声が意外と多かったんや。

で、そもそもなんで公表したかったかっちゅうと、ラジオで「僕に悩み相談したいヤツ、メッセージ送ってやぁ」って言うたら、やっぱり、自分のことがラジオでしゃべられてしまうって思うワケよ。だから、ホントの声は届かへんねん。そこで「読まれたくなくて困ってるヤツおんのやったら、僕の携帯に直接電話してきいやぁ」って、番号言うワケや。だから、そこでも小学校の卒業生に対しての想いと同じようなこと感じてたワケやんな。**「リスナーのこと、本気で心配や」**って。そら責任は取られへんで。悪いけど、それはラジオでもハッキリ言うてるんや。そんな期待を持たせ過ぎたら逆に追い込むことになるからなぁ。けど、出来ることがあるんやったらやりたい。話を聞くぐらいやったら出来る。で、そこにひとりでも「死にたい」とか言うて連絡先入ってたら、僕は電話をかけるんや。実際に会いに行ったこともある。ギリギリのところで、何か出来るんやったら、違うやん。ひとりでも。僕の言葉で救われたって思えるんやったら。あるいは1日でも死ぬのガマンしてくれたら、何か生きるチャンスがあるかもわからんやろ？ そう思えたら、電話番号公表することは別に大したことちゃうんよね。

前になぁ、オールナイトニッポンっちゅう深夜ラジオの番組をやってるときに、ある女の子に出逢ったんや。その子は結婚式を挙げる1週間前に、彼氏を交通事故で突然亡くしたんやて。それで来る日も、来る日も、バスルームに閉じこもって泣いてたんや。それを心配したお母さんが、「せめて音楽でも」って、防水性のラジオを買ってくれたんやて。そこで僕のラジオ番組と出逢ったんや。そしてある日、番組にメッセージをくれた。彼女がなぜ毎日泣いているのか、その苦しい想いを。僕は番組が終わって、その女の子にすぐ電話したんや。そしたら彼女は「バスルームで、『いつ死のうか』と考えていた」って言うたんや。僕は思わず、**「アホかぁ〜！　何考えてんねん！」** と言った。「お前には、その彼氏の気持ちがわからんのか？　天国でこう言うてるハズや。『本当にゴメンな、キミを悲しませてしまって。そのために、僕がキミの分まで一生懸命生きてくれ。そして必ず幸せになってくれよ。さらにラジオDJなんてリスナーがいてなっと、ずっと見守っているからな』って。いと存在でけへんのやから、「そういう僕のためにも生きてくれよ！」って、僕は言うたんや。

そう！　いつも僕は思うんや。人と出会ったときに、**この出逢いのために、キミが**

今まで生きててくれてありがとう」って。人間はひとりじゃないんや。どこかで誰かが、「自分のためにも生きていてくれ」って思うてるんやと。「誰もそんなこと思ってない」と言っても、少なくともこの僕が思ってるんやから。

そんなことがあって4年後、突然ニューヨークから、でっかいハート型のゴディバのチョコレートが送られてきた。ちょうどバレンタインやったんや。そんで手紙が入ってて、「覚えてますか？　あのときの私です。あれから私はニューヨークへ行き、ずっと住んで仕事してます。すごく元気です。私は死ぬなんてことは、今、考えてませんん」と。そして「この何年間、連絡は取ってませんでしたが、あのことがあって、シユウさんには感謝してます。その気持ちを、今年届けます」って。そのチョコレートもらったとき、「あぁ、よかった」って思うたんや。「時間とニューヨークという街が、彼女を手助けしてんねんなぁ」って。

ということで、先生や、親御さんも、みんなに必要なこと！　それは**「諦めない、見捨てない、見放さない」**という心を持って、今の自分が出来る精一杯のことを続けてやるということがいちばん大切なんや！　そう僕は思うねんなぁ。

俺が何かやらかすとき、オヤジが手伝ってくれた

シュウ この前、僕のところの番組にコメントありがとう。あの卒業の思い出、エエなぁ。卒業のときに「何か一発やりたい」って、学校で演奏やったっていうの。

トータス あれ、時間短かったから、全部しゃべられへんかったんやけど。俺が通ってた高校、エレキギター禁止で。軽音楽部がなくて、ブラスバンド部しかなくて。

シュウ 言うてたな、古い考え方の高校やぁ言うて。

トータス 俺、「結局、自分でやったいこと、ここで何も出来へんかったわ」言うて、オヤジにしゃべって。で、「卒業式の日に、ちょっと一発やらかしたいねん。ドラムセット、学校へ持って行って、隠しておいて。それで、卒業式終わって、みんながゲタ箱に向かって帰り出すときに、ワーッて演奏したいねん。悪いけど、オヤジのトラックに機材積んで、学校まで運んでくれ」って言うたら、オヤジが「あぁ、かまへん」言うて。

シュウ オヤジ、普通に、「あぁ、

エエよー」いう感じ？

トータス うん。それで、朝5時ぐらいにオヤジとふたりで家出て、オヤジとふたりで機材降ろして、ビニールシート、バーッとかけて。それで、一緒に演奏するヤツらには、「あそこに隠しているからな。終わったら、駆け足で出て行って、アレ全部、こっちのゲタ箱の前にセッティングしよう。セッティング位置は大体こういう感じや」言うて、図面描いて。「電源はあそこにあるから。ここは急がなあかんぞ」言うて。

シュウ ゲリラやからな。

トータス オヤジには、「演奏が終わる時間が大体何時ぐらいになるから、少し前には迎えに来ておいてくれ」と、頼んで。「おぉ、わかった、わかった」って。オヤジー旦トラックで帰って。で、オヤジが約束の時間に来てるワケよ。俺らの演奏、オヤジが見てる。

シュウ 影からな。

トータス そうそう。そしたら、いちばん厳しい先生が、「お前ら、何しとんねん！」って出てきて、電源をバッと抜いて、アンプに刺さっているシールドも全部抜いて、

両親の愛情が、当たり前に伝わってた気がするんや

トータス松本
ウルフルズ

「ガッツだぜ!!」、「バンザイ」など、数々の応援歌を作ってきたトータス松本さん。ハートフルな歌詞が生まれる背景は、「温かい心を持った両親に育てられたから」ということは、このトークセッションで一読瞭然。また、そういう両親に育てられたからこそ、自身の子どもたちに、「どう接するか？」という考えも、しっかりと持つ。さぁ、関西人ふたりの放つ「マシンガン・トークセッション」のスタート！

「やめんかぁ、コラァ！ すぐ片づけぇ！ お前らぁ、卒業証書取り上げるぞ！」って怒鳴られて、俺ら、シューンとなって。先生は仁王立ちで、グーッとこっちを見てるんや。先生のその刺すような視線を感じながら、みんなコソコソと、片づけてるワケ。

シュウ う〜ん。

トータス それで、またパッと見たら、先生が、まだすごい顔で立っているワケよ。その後ろから、うちのオヤジが、ビューッと出てきてでな、先生が、もうひと言何か言うとったら、ワシもビシッと言うたろ思っとったんや。そしたら、先生が校舎に引っ込んだんや。

シュウ マジ？

トータス それで、トラックに機材積んで、俺らも帰ったんやけど。オヤジが運転しながら、「もしあのオヤジが何かやらかすときに、自分も悪者になって、『ワシも手伝うわ』っていう、そのアナーキーなスタンスは、いいなと思うよ。

シュウ いや、僕からしたら、メチャクチャ正しくて。たとえば、キミらがやったことが、反社会的で、人を傷つけてやぁなぁ、誰かがそれによって人権を損なうと。そういうことであれば問題やけど。

トータス そうそう。その怒った先生、ホンマはイヤな先生じゃなくて。「今日ぐらい勘弁してやりたいけど、示しつかんから、怒っておこう」みたいな。

シュウ せやねん。ただの、「みんなに示しつけへん」とか、そういうの。結局は、「何か記念に残ることをみんなにやったろ」という、いい気持ちでやっているワケやん。僕、まじめに生きることが、何も正しいと思わへんのや。

トータス そうや。

シュウ さらに、オヤジさんの「もうひと言何か言うたら、ワシもビシッと言うたる」っていう言葉を

聞いて、息子は泣きそうになるワケやろ？ 全部わかっている、子どもの気持ちを。

シュウ そうそう、そうそう。

トータス 「これは、確かにルールとしては間違っているかもしらんけど、それが何やねん」というのまでわかっている大人や。

シュウ そうそう、そうそう。

トータス カッコエエで。

シュウ ホンマな、オヤジは頑固で怖いねやんか。何回もどつかれたし、道理にかなわんことしたら、怒りよんねんな。けど、なぜかそういうことは怒らへん。ある日、ギターのアンプを買ってきたんよ。そしたらオヤジが、「お前、それ、えらい小さいのう」って言うから、「小さいけど、前のアンプは6ワットしか出えへんかった。これ、20ワットまで出んねん。音大きいねん」って答えたんや。

シュウ ああ、性能エエやつな。

トータス そしたら、「あぁ、ホンマか。けど、新品やないやろ？」って聞くから、「中古や」って言うと、怒鳴られるワケ。

シュウ 何で？

トータス 「新品を買え」と。「中古みたいな、人がいらん言うたもの、買うてくるな」言うて。

シュウ ふんふん、面白い！

トータス 俺が古着着て田舎帰っても、「それ何や。汚いな、その服」「いや、古着やねん」「古着みたいなもの着るな。ワシは、そんな仕送りしかしてへんのか？ そんなみすぼらしい」みたいなこと言うワケ。そういうことは言うねん。

シュウ マジで？ 面白い！

トータス 価値観が偏っている。

シュウ 価値観偏っているけど、それ、どういうことやと思う？

トータス 俺は意味がわかれへんよ。人がいらんモノでも、俺はいるモノってあるやん。だからこそ、リサイクルが成り立つんでしょう。

シュウ いや、もちろんや。オヤジの中で、古いモノ、中古のモノに対しての許されへん理屈は何や。

トータス わからへん。

シュウ いや、ヒントはあんのや。「そんなみすぼらしい」っていう言い方するやろ？ 「みすぼらしいものを着させるアカンような仕送りしかしてへんのか」というところが、簡単に解説するとやな、「ワ

Talk Session

シはひとりのオヤジとして、息子にふびんさせるようなダサい男ではない」という自負があると。

トータス ああ、はいはい。

シュウ そやのに、「この息子は、何で、そんなせこい格好しとるねん」と。「それは、俺に対しての冒涜や」という感じやないかな。

トータス あと『木綿のハンカチーフ』じゃないけど、どんどん、俺の容貌が変わっていくワケ。髪の毛は伸びていくし、着ている服はおかしな服になっていくワケや。それは、毒されているかどうか知らんよ。でも、オヤジやオカンから見たら、明らかに、実家に住んでいたころの松本敦ではないワケ。

シュウ ないワケや。

トータス まぁ、言うたら成長やけども、変わっていっているワケや。で、オヤジがあるとき、「まぁ、お前がどんな格好、髪型しようが、そんなこと一切、文句言うつもりないけどな。お前、そんなおかしな格好で、この田舎に帰ってくる度胸があるのやったら、それなりの者にならへんかったら、ワシは許さへんぞ」って言われて。

シュウ 「おかしくなっていくの

は、ちゃんと理由があるんやということを示せ」と。要するに、外見ばっかり気にするヤツって、安っぽい。それがイヤやねんで。

いまだに、オヤジを超えた気がせーへんねや

シュウ オヤジさん、職業、何?

トータス オヤジは、家に工場建てて、織布を織ってた。

シュウ 自分で経営している?

トータス うん。去年、引退したけどね。突然。

シュウ ある意味、バンドマンではなくて、ソロアーティストやろ。オカンはマネージャーちゃうか。

トータス いや、オカンとやってたから、チェリッシュ(笑)。

シュウ いや、オヤジはソロで、オカンはマネージャーちゃうか。

トータス そうやろ? ソロは常に不安やで。何にもしがみついていないから。

シュウ いまだに、オヤジを超えた気がせーへんねんのは、俺が生まれた年というのは、オヤジが28歳のときやねん、確か。ふたりはもともとは大きい工場に勤めてたん

よ。そこで恋愛して一緒になった。それで、兄貴が出来て、お姉が出来ても、まだそこに勤めてた。でも、俺が生まれて、「サラリーマンじゃ追いつかん。独立しよう」言うて、借金して、工場建てて、事業を始めたワケや。

シュウ 勝負かけたんや。

トータス かけたワケや。それで、俺は、28歳で何してたか言うたら、鳴かず飛ばずのエエかげんな……。

シュウ 何年前や? 28歳て。

トータス ちょうど10年前や。

シュウ 10年前やから、あれやな。

トータス ★1「ガッツ」の前や。あの頃に、ふと思ったんよ。「28か。俺、28になったということは……」って、オヤジが28歳のときに俺が生まれたというのが、ずっと頭の中にあった。

シュウ ずっと28という数字が。

トータス 俺、そのとき、「うわぁ、結婚もしてない! 子どもはひとりもおらん」。オヤジは、3人も子どもがおった。しかも自分で工場建てて、収入を得て。

シュウ 28歳のときやねん、確か。そんでオカンが25歳やねん。ふたりは

トータス トータスは得ていないどころか、8か月給料止まっとった。自分で食

よ。そこで恋愛して一緒になった。それで、兄貴が出来て、お姉が出来ても、まだそこに勤めてた。でも、俺が生まれて、「サラリーマンじゃ追いつかん。独立しよう」言うて、借金して、工場建てて、事業を始めたワケや。

えてない。「俺はダメやな」っていうのがずっとある。今でも。

シュウ 僕、思うけど、オヤジさん、子どもが出来たときに工場建てたんやで。想像してみ。男がなぁ、不安定な世の中で独立考えるのは、下手したら子どもはんも、もっと地獄へ送り込むんやで。

トータス そうやねん。

シュウ すごい決心やで。

トータス だから、オヤジ自慢じゃないねんけど、俺は、教育ということを語るときには、やっぱり、オヤジを切り離されへん。

シュウ わかる。

トータス まぁ、オカンももちろん、教育してくれたんやけど。オカンは言葉で、常識とか人間の倫理みたいな話をしてくれる。でも、生き方や価値観は、やっぱり、オヤジが教えるんやと思うねん。

シュウ あとな、オカンはもうひとつ、教えてくれると思うねん。

トータス 何やろな。

シュウ 愛情とちゃうか?

トータス ああ、愛情か。そやな。オカンで言うたらな、駄菓子屋のオカンで言うたらな、駄菓子屋のマイクの話があんねん。近所に駄菓子屋ってあった?

★1 1995年12月6日にリリースされ大ヒットした、ウルフルズ6枚目のシングル「ガッツだぜ!!」のこと。ウルフルズの代表作。

Tortoise Matsumoto × Shoo Yamamoto

シュウ あった、あった。

トータス うちのそばにもあってな、その店に行くと言うたら、オカンが、すごいイヤな顔するワケ。「オカン、その店は好きじゃないな。それは体によくない駄菓子を売ってるからだ」と思ってたら、そうじゃなくて、あるとき判明した。6年生ぐらいのとき、オカンが、「私はな、その店には恨みがあるねん」って言うねん。

シュウ おうおう、きたきた！

トータス 「恨み？ 何の話ですか？」みたいな（笑）。

シュウ 子どもにしたらビックリやな。

トータス 今まで黙っとったんやオカン。「あんたがな、ちっさいときにな」って話し始めたんや。俺、歌を歌うのがものすごい好きで、オヤジのレコードを聴いて、見よう見まねで歌ってたんや。オカンは、「そない歌が好きな子や」と。ほんで、ふらっとその店に行ったら、くじ引きの景品で、一等がラムネの入ったマイクってのを見つけたんやて。

シュウ ラムネの入ったマイクね。

トータス プラスチックの。それで、「これをこの子に与えたら、どな

い喜ぶか」と思うたらしいのよ。それで、そこに座っているおばちゃんに、「一等が当たったら、これ、もらえるの」って言うたら、「もらえるんや」言うて。そやけど、一等当てるまで引かなアカンわな。くじ引くの、財布見て、「このくじ、らんけど、一回何ぼか知らんけど、全部買うわ」言うて。

シュウ もう、いきなりや！ 全部買うわ！

トータス オカンは、「全部買うから、マイクちょうだい」言うて。そうしたら、「でも、全部引いてもらわな」って言われて、「ほな、全部引くわ」って引いていったんや。でも、一等なかったんやて！

シュウ なかったんや、これ！

トータス それで、「一等ないやん！」言うたら、「はぁ」って。

トータス おばちゃん「はぁ」や！

トータス オカンは負けじと、「私、マイクもらって行くで」って。でも「アカン」。一等ないもんはないねんから「アカン」って。なのに「何言うてんの」言うて、マイクひったくって帰ってきたって。

シュウ 何だ、あのババァ言うて。

トータス マイクだけ取って「あと

で聞いたんやな？

シュウ そう。6年生ぐらいになって、オカンは、「私がそれだけかけただけのことはあって、あんた、そのマイク、長いこと大事に持っとったわ」言うて。

シュウ 6年のときに聞いても感じるよね、母親の愛情。

トータス 結構な。それから俺、「その店、そうなんかぁ。そんな店、もう行けへんぞ～」と思って。

シュウ ホンマ？

トータス まあ、6年生（笑）。なったもんやったから、もう行けへんけどね。そんな話があったね。

シュウ だから、オカンから……。

トータス 愛情与えら

いらんわ」って。これ、エエ話やな思うて。

シュウ それをトータスは、あとで聞いたんやな？

れてんねんな。絶大なる。守られてるね。

シュウ 別に、イチイチ意識せーへんぐら

Talk Session

Talk Session

トータス い、安堵感があるワケや。
シュウ そうやねんな。
トータス それでもってオヤジは、ココってとこでガーッ言うオヤジや。トータス松本が男として生きてきて、「このくそオヤジ」やて。オヤジを憎んだ瞬間ってないの。
シュウ ないねんな。
トータス ないねんな。
シュウ そこやねんな、松本君。オヤジは殴ってるんやで、キミを。
トータス そのオヤジを、「このボケ」と思ったことないねんで。
シュウ ないねんな。
トータス それ、何でや思う?
シュウ オヤジのほうが常に正しいからやねんか、やっぱり。
トータス 正しいし、愛されている。
シュウ 間違いなく、そうや。
トータス そうやろ。伝わっているねん、その愛が。
シュウ 僕ら、小学校のお父ちゃ

んらが集まる「サポーターズの会」ってのがあるねんやけど、そこでオヤジと飲むワケや。そんとき、絶対、その話になるねん。「手を上げるのは正しいか、正しくないか」。ここで問題なのは、僕、いつも言うねんけど、「正しい、正しくない」とかじゃないねん。オヤジの中には「うちは上げますよ。どこが悪いんですか。うちのオヤジにも上げられて、こうやって立派になりましたから」と言う人もおるワケや。僕は「いや、違うんです。問題は、親の愛情が伝われへんで、ただただ叩いている人がいることなんです」と。

トータス もっと言うとな、オヤジが機嫌悪いから殴っているという人もおるワケや。それがはっきり子どもに伝わっている。虐待や。でも、トータス松本君のところの

ヤジが飲むワケや。そんとき、絶対、その話になるねん。「手を上げるのは正しいか、正しくないか」。ここで問題なのは、僕、いつも言うねんけど、「正しい、正しくない」とかじゃないねん。オヤジの中には「うちは上げますよ。どこが悪いんですか。うちのオヤジにも上げられて、こうやって立派になりましたから」と言う人もおるワケや。僕は「いや、違うんです。問題は、親の愛情が伝われへんで、ただただ叩いている人がいることなんです」と。

シュウ 具体的で、ようわかる。
トータス はよ降りや、こいつ!
シュウ あれ、イラつくねんで。
トータス 「ああ、もう腹立つ、コイツ」。早く降りろ、ボケ」とか言うて、バシッと叩いたら、そのときは泣かへんねん。

は、今聞いたように、1回も憎んでいないということは、ホンマに愛情を感じているワケ。
シュウ そう。知らん顔して靴履いてんねん。それ見て、グサグサッてきて。全部見透かされてる。
トータス 俺な、今、3歳の息子おるけど。やっぱりね、明らかに息子が悪いことしてて、俺は冷静にその状況を見て、「ここは一発鉄拳制裁加えとけ」というふうに判断した上で、お前は」と言ったときは、息子、泣きよんのやん。「エーン、ごめんなさい!」って。それで「あもう、わかったんやったらいい。よしよし、よしよし」ってなる。でも、たとえば俺が、すごいイライラしていて、そんな状況で車運転して家に着いたとき、「おい、着いたぞ。早く降りろ!」って言うやん。とっくにドア開いてるんやから、降りる思うたら、のんびり、靴、履いとんねん。
シュウ 知らん顔や!
トータス そう。知らん顔して靴履いてんねん。それ見て、グサグサッてきて。全部見透かされてる。
シュウ そやろ、そこやねん。
トータス 「オヤジ、自分の機嫌だけどつきよった。そんなもんに屈しひんぞ」みたいな。
シュウ そうやねん。
トータス それで、「ママ!」って、ママのところ行って、手をつないで、ビューッと行きよんねん。俺のほう無視して。さらに、グサグサグサッー。
シュウ でもな、それ、親として気づいているからエライ。
トータス アイツら、本能でわかっとる。
シュウ わかっとるよ。
トータス どつかれたときの手のぬくもりが、愛情があってのことか、単なる八つ当たりかは、かぎ分けとるねん、アイツら。

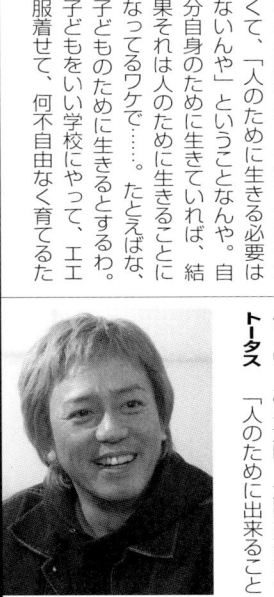

Tortoise Matsumoto × Shoo Yamamoto

シュウ そういう感じするのや。

トータス だからね、ホンマにむみにどついたらアカンねん。

シュウ 絶対アカン。

トータス ホンマに。でも、俺、思うのは、そういうことをしてしまう自分がおって、自分ですごい後悔するし、傷つくねん。けど、こうれってつまり、自分が子どもに教育されているワケや。要するに、すべてこれも含めた上での教育や。ちゃんと自分を戒めて、「むやみやたらにどついてはいけません」ということは、頭に描きながら暮らしていかなアカンけど、もし手を上げてしまった場合でも、それはそれで、「親にも子にも、教育になるんや」とは思うねん。子どもが、「またオヤジに八つ当たりされた。ちきしょう。オヤジって気が短い」ってわかることも。

シュウ そうそう、そうそう。

トータス 子どもにオヤジを許せる余地があればね。「オヤジは、今は気まぐれに、俺をどついたけども、まぁ、オヤジはなかなかの人間や」と。「まぁ、これは許したろ」というふうに思わせられた

ら、それは教育やから。

シュウ そのとおり。そう思う。

トータス 教育って、伝えることやんか。自分のダサい考えも伝えなアカンし。間違っているところもダイレクトに伝わってまうから、それやったら、根こそぎ伝えるということやんか。

シュウ 反省しているところとか、落ち込んでいるところとかな。

トータス 「オヤジ、反省しているんや」というところを伝えたらエエワケで。「オヤジは何考えているかわかれへん」というふうにさえしていなければ。

シュウ そう。そこで、最終的に、「愛されてるやん、俺」というのが伝わるんや。あー、わかった。トータスのオヤジが、なんで古着で怒るか。トータスが生まれたときに、一世一代独立して、「こいつ

に絶対ふびんな思いさせん。これは、自分との戦いやと。せやのに、何でコイツ、古着着とるねん。大きいアンプから、ちっちゃなっとん」ということやな。それ、気になるところちゃうか、オヤジとしては。

トータス せやな、気になるやろな。

人のために生きられんって
どういう意味かわかる？

トータス 僕、★2「暴れだす」の歌詞に「人のために生きることができない」って書いたんやけど。それ、「スマンな、俺、人のために生きること出来ん」っていう意味やなくて、「人のために生きる必要はないんや」ということなんや。自分自身のために生きていれば、結果それは人のために生きることになってるワケで……。たとえばな、子どものためにいい学校にやって、エエ服着せて、何不自由なく育てるた

めに、「俺は、好きなことやってる場合じゃない」ってなるやん。それ、間違ってんねんけど、そういうふうに考えたとしよう。それで子どもが大きくなって、自分の思う大人にならへんかったときにな、「お前な、エエ加減にしろよ。俺はお前らのために、どんな思いで今まで生きてきたと思ってんねん」ということを言ってしまったら、それ、最悪なんです。

シュウ 最悪や。

トータス もう、それだけは言いたくないワケよ。だから、「悪いけど、俺、俺のために生きてるから。申しワケない。金なくなっても何とかしてくれ」みたいなほうが、「オヤジじゃあないな。まぁ、オヤジ幸せそうやから」って、許してもらえそうな気がするんよ。

シュウ ある意味、危険な歌詞や。

トータス 「人のために出来ること

★2 2005年1月13日にリリースされたシングル。同年2月23日に発売された9枚目のアルバム「9（ナイン）」の中の1曲でもある。

Talk Session

シュウ 「コイツらの死ぬとこ見てるの、イヤやねん」と。

トータス そうそう、「俺がイヤやからやってる」っていう、「俺がそんな気持ちになりたくないから、俺が幸せであるために、お前らを守るんや」というだけのことなんよ。

シュウ そういう想いで守ってるヤツが、「お前ら、俺は守ったるねんから、もう少し感謝しろよ」というのは絶対あり得へんのよ。

トータス あり得へん。それはもう違うねん。それが、あの歌詞のオヤジがやってて。

シュウ せやねん。だから俺、そのとっかかりとして、地元の祭りに、毎年帰るようにしてるんよ。

トータス エエやん！

シュウ まず、そのお祭りのお囃子を極めたら「三田音頭」のほうに行ってもエエかなと。

トータス どうすんねん。

シュウ 三田音頭保存会みたいなのを、俺のオヤジがやってて。

トータス 松本君、その保存会をちゃんとまとめな。

オヤジの生き様見て、「自分も！」っていうのが教育

トータス 俺の田舎に★3「三田音頭」っていう音頭があって、それ、もう音源がないねんな。

シュウ 譜面はあんのやろ？

トータス 譜面みたいなのあるけど、変な譜面やねん。ドレミファの譜面じゃなくて、何かこう「上がる」とか、「下がる」とか、あいまいな言葉で書いてあって、それを目安に先輩が口移しで歌ったヤツを耳でコピーして、上手な人が歌っ

て伝えていくというような形式でしか、継承されてないねん。

シュウ やばいやん。

トータス そやねん。

シュウ そやねん。

はあっても 人のために生きることはできない」いう歌詞。

シュウ それ、危険やねん。何でかというと、深過ぎるんや。要するに、人のために生きてる連中って、ホントは自分のためにしたいことをしてる。結果、人に何かしたる。でも外から見たら、「あの人は人のためにやってるなあ」って見えるねん。つまりや、「自分がしたいことをしたら、人のためにボランティアやってました」っていう順序やねん。

トータス そうそう、そうそう。

シュウ ということはな、「俺、こんだけやったってねんで」って言葉、絶対出えへん。同じことやっても、まったく逆や。

トータス そう、逆やと思うねん。

シュウ たとえば「子どものために」言うたら、「俺はオヤジとしてしたいことは、子どもを命がけで守ることや。守っていらんねん言われても、守りたいんや」と。

トータス 守りたい。

シュウ 「俺がしたいことや」と。

トータス 俺のためにやってるワケや。

シュウ というのは、俺のためにやってるワケやねんから、そのとっかりとして、毎年地元の祭りに帰るようにしてるんよ。

シュウ エエやん！

トータス まず、そのお祭りのお囃子を極めたら「三田音頭」のほうに行ってもエエかなと。

シュウ いや、「三田音頭」、早よう、口移しで聞いとかんと。あんた、それ、使命やで。

トータス そう思うねん。言うたらね、「教育」じゃないけどな。こういう想いは、別に誰に言われたワケでもないねん。自主的に自分の中から湧き起こっ

ortoise Matsumoto × Shoo Yamamoto

Tortoise Matsumoto × Shoo Yamamoto

と思うんやんか。これもやっぱり教育やんか。

シュウ せやな、まるっきしせや。

トータス 生き様を見せるということが、やっぱり教育やんか。

シュウ 俺もおんなじ考えや。

トータス ただおもろいのがな、保存会をやったりするぐらいオヤジ、音楽が好っきやねん。要するに、「音楽をやりたい」という気持ちがやっぱりあって。別に多くの人に届けようという気持ちはないかもしれんけど。俺のやってる仕事って、オヤジにしたら、「ワシがもしあと30若かったら、アイツみたいになれたかもしらん」って、思ってる節はあんねん。

シュウ やっぱ、節あんのか。

トータス あんねん。

てきた気持ちやねん。しかも、年重ねたからそうなったんじゃなくて、保存会で、オヤジの一生懸命やってる姿を見たからそうなった

ヤジに対しての、暗黙のリスペクトになると思うねん。さらに、そういう親と子の関係性であったり、何かいろんなものが見えるような気がすんねんな。言葉じゃなくて、そういう態度から。

シュウ それはどこで感じる?

トータス 歌詞、送ってよる。

シュウ うそっ。

トータス ホンマ、ホンマ。

シュウ 節じゃないやん、それ!もうやる気満々や!

トータス 「ワシもやれるぞ」と。だから歌詞を送ってきよる。

シュウ ホンマかいな。

トータス そうな、きっついラブソングとか書いて送ってきよる(笑)。こんなんオヤジが書かれても困るなみたいな。

シュウ キャッハー!おもしろいがな、オヤジ!!

トータス おもろいオヤジや。

トークセッションを終えて、山本シュウのひとり言

やっぱトータスは、「親の愛情」ってことわかってたね。エエ話、いっぱい聞けた。それで僕は、最後にトータスにお願いしたい。「オヤジの歌詞に早く曲をつけてやってくれ!」と(笑)。それがオ

トータス松本(とーたす・まつもと)
1966年生まれ。兵庫県出身。92年ウルフルズのボーカルとしてデビュー。ありのままに、気取らない言葉で歌う歌声は真のソウルに溢れる唯一無二の歌い手である。代表曲には「ガッツだぜ!!」、「バンザイ〜好きでよかった〜」、「ええねん」、「暴れだす」など多数。ドラマ、CM、映画などにも出演。05年3月には自身初の書き下ろし絵本『わいもくん』(講談社)を出版するなど幅広く活躍している。

★3 兵庫県黒田庄市に伝わる。夏には三田音頭に合わせて踊る、盛大な盆踊り大会が行われている。

Talk Session

子どもとはとにかく話をすること！そしてきちっと愛を伝えること！

　PTAの会長って、必ず自分の子どもに何らかの影響を及ぼすことになるやん？ ましてやレモンさんやでぇ。「お前の父ちゃん、あの会長だろ～？」とか、「家でもレモン被ってんのか？」とかひやかされたり……。女の子やし、普通やったら「パパ恥ずかしいから、とにかくやめて～！」って。でもうちには、必ず**「ファミリー会議」**っちゅうのがあるんで、そこで自由に意見交換や、ルール作り、クレームやダメ出しをするからOKなんよね。そのつど、「最近、僕の『レモンさん』は大丈夫でしょうか？」と娘たちに質問する。すると「まあ、問題ないんじゃない？」と生意気なチェックが入る。だからこの4年間は、ほとんど大きな問題はなくやってこれたんちゃんかなぁ。逆に、ほかのお母さんやお父さんから心配されて、「レモンさんやってて、娘さん的には大丈夫なんですか？」とか、「家ではどんな教育されてるんですか？」と聞かれることがあるので、今回はひとつ、実際にうちの家庭であったことを暴露しな

がら、何か一緒にヒントをつかめればなぁと思います。

それは、上の娘が小学校3年生のときの夏休み。突然「サマースクールに行きたい」と言い出したことがあったんです。そういう相談があるときは、さっき言うたように「ミーティングしたい」って家族のみんなに言うんよね。

あるいは**個別ミーティング**っちゅうのもあるんよ。家に遊びに来てる子にも、「よぉ、個別ミーティングしよ。どや？ 学校おもろいか？」みたいな。

よその子に対してもあるんや。

で、その個別ミーティングをしようと娘から言われて、「どうした？」って聞いたら、

娘 「サマースクール行きたい」

僕 「はぁ？ サマースクールって、あの海外の？」

まずそこで頭にあったのは、「あれ、ごっつい金かかるんとちゃうの？」って（笑）。

「そんな金あらへんで」って言いながら、

僕「サマースクールってわかってんの？」
娘「わかってる」
僕「なんで？」
娘「英会話スクールの人に聞いた」
僕「サマースクールって、親とも離れて、ワケのわからん海外へ行って、いろんな人種の人が集まってきて、1か月とか、英語の勉強をしたり、ハイキング行ったり、まぁ、共同生活をするんよね。ということは、途中で帰りたいなぁってなるかもしらん。そんなんでもエエの？ 寂しいんちゃうん？」
娘「大丈夫」
僕「ホンマに？」

……なんて。

で、まず教えたんは、「スッゲェ高いで。メッチャ金使うで」ってハッキリ言うた。
「何十万やで。そのお金用意せなアカン、パパ。そんなもん、簡単に行かせられるもん

ちゃうで。それわかってくれ」って言うたんやな。でも、前からこれは言うてるけど、**子どものために必要なことは、親は出来るだけ要望に応えたい**というのがあるので、「出来るだけのことはするけども、ムリなときはムリ。諦めてくれ。今年行かれへんでも、来年行けるかもしれんし。でも、ちょっと調整してみる」と。

……っていうことで、ママがどこから用意しはったのか、調整しはって、「調整出来たらしい!」という会議があり、「じゃあ行って来い」と。「その代わり、キミ、自分で決めたんやからね。しっかり」っつって、行ったんよね。

そしたら、ちょうどサマースクールが半分終わった頃、娘からファックスがきた。そしたら、なんか楽しくやってるみたいなことが書いてありながらも、ちょっとイヤな子がいるっていうのもにおわせてきた。ほいで、「ん? 来たか?」と思ってて。そしたらある日、たまたま僕が家におったときに、電話が入ったんや。そしたら、ママとのやり取りでわかるワケよ。ママが **「でも、あなたが決めたんでしょ」** とか言うてるし。「あぁ、なんかあったんやな」って思った。「あなたが決めたことで、あなたが耐えられへんのやから、帰るのはいくらでも帰ったらエエ。その代わり、それでいいの? そんなんで帰ってくるぐらいのもんやったんや。ちょっと、パパがいるから、

代わるよ」ってママが言って、僕に代わった。ほいで、代わるときに、ママが受話器の口を押さえてるから「どうした？」って言うたら、「どうもいじめられてるらしい」と。で「今泣いてる」と。「話聞いたって」って言うから、「ェェよ」っつって、受話器を取って、**「あぁ、もしもし！　イェイ、イェイ、パパでーす！」**って言うたら、

娘　「あ、パパ」
僕　「どうそっちは？」
娘　**「すっんごい楽しい！」**

って言いやがったワケよ！　知らん振りして娘は続ける。

娘　**「うん、むっちゃ楽しい！」**

　当然、僕も急遽知らん振りして、

僕「あっそう、そりゃエエな〜」

娘「お土産何がいい？」

そんなやり取りがあって「まぁ、なんかあったら連絡せぇよ」って僕。「でもぉ、アレやで。寂しかったら帰ってきてエエんやで」って、一応言うたんや。そしてママに代わった。そしたら最後に「もうちょいがんばる」って言うて切ったらしい。それからどうなったんやろなぁ〜って思ったけど、1回も連絡なく最終日を迎えた。

帰国の日。僕らはファミリーやから、「Welcome Back!」って幕を作って空港で迎えた。**「わぁ〜〜〜！ お帰り〜！」**って感じの。やっぱカナダから帰ってくるから、こっちもなぁ、それ用のスタイルで迎えたいやん。

1回僕もあったんよ。アメリカかなんか行って帰ってくるとき、「パパお帰り！」って幕を持って待たれたことが。なんや恥ずかしいやら、嬉しいやら。要するにその仕返しや。

ゲートからいろんな人が出てきたあとに、娘がバッと出てきたら、**「イェーーーイ！」**って、娘は手を振ってる。もうなんかスッゲー明るい。何にも落ち込んでると

こあらへんねん。そして顔がスッゴイ変わってた。別人ぐらいやった。大人になった。日焼けして、白い歯をむき出して、「ハァ～イ♪」みたいな。1か月でやで。その姿を見て、僕は**「あ、勝って帰りはったんやなぁ」**って思った。自分にね。いじめられた子に勝ったんやないで。自分に勝ったんよね。なんでもパキパキするし。それは一応、僕の狙いでもあったワケよ。親の狙い。

それは何かって言うと、学校が……、それこそ最初、アメリカンスクールに入れようかと思ったくらいやったんやけど、前に言うたけど、アメリカンスクール高いしな。諦めたやろ。で、区立入れました。ほんで娘は区立でダサイのよ。運動会はダサイ、なんか学校も覇気ない。ほんで娘は自然と目立つ存在になる。ダンスでステージとか立ってる経験があるから、アイツよりダンスうまいヤツおらへん。アイツより演劇うまいヤツもそないおらへん。アイツより目立つヤツおらへん。そしたら、調子乗るワケよ。ほんまあの頃は、調子乗ってる感じやった。ほんで、**「コイツ叩かなアカンなぁ」**って思ってた。

そこでサマースクールや。海外行ったら常識違うやん。来るヤツも文化の違う多国

180

籍やん。「こら、面白い」と。「叩いてくれへんかな?」と。まぁ、あんな調子乗っとったら、ほっとってもいずれ叩かれるワケやな。それも外国人の男の子らにな。子どもはハッキリしてるから。目立つヤツとか、調子乗ってるヤツとか、男だろうが、女だろうが。

それで、帰国してから、「キミ、泣いとったらしいやんか。パパ、知ってたんやで」って暴露話をしたワケや。そしたら、娘が正直に話してくれた。なんか、このサマースクールには2週間コースっていうのがあったんやて。そしたら2週間で帰るヤツが出てきたんよ。しかも、ふたりしかおらん日本人が、ひとり帰ってしまうと。そしたら日本人は娘だけや。それもあって、寂しくなったって言うたんよね。ほんで「なんで残ったん?」って聞いたら、

娘 **「最後までいるっていう」**

僕 「何の?」

娘 「約束したしね」

だから、「じゃあ、いてやろうじゃないか」と思ったらしい。それで爆笑したのは、自分を奮起させるためにどう思ったかというと、**「一生、ここにいなくちゃいけないことはないんだ」**と。「帰れるんだ」と。そういうふうに思って、「じゃあ、明日は何があるんだ？」ってスケジュール帳見たら、ちょっと楽しそうなことがある。「じゃあ、明日は楽しそうだ」と。そんなふうに日々暮らしていたらしい。小学3年生が！そしていじめてくるヤツらに対しては、「これじゃアカンと思うた」言うて。結局は「嫌いなヤツは嫌いや。それで、いいんや」と。「絶対、私は私で楽しもう」と思ったんやて。そしたら腹をくくった人間は強いんやね〜。ケンカもしたけど、それが逆に仲良くなるきっかけにもなったり。もう最後なんか、メッチャ仲良くて、いちばん友だち多かったって言うてた。その様子が写真でわかるワケよ。

娘　「誰にいじめられたん」

僕　「コイツ」

娘　**「キミと肩組んでるやんか！」**

ま、乗り越えたんやな。そこでな。

子どもとは話すことや、とにかく。向こうから来させるっていうのが基本やけど、待ってたらアカン。顔色見て、「最近おかしいんちゃう？」とか、ママから情報聞いて「ちょっとどうやの？」とかいうのが、絶対必要。

また、「家にもルールがある」ってことをキチッとわからせなアカン。うちではルールを守らないと、外に出すんや。そんときこう言う。「パパとママは、すごく悲しい。あなたのことを愛していて、あなたと一緒に暮らしたいと思っている。それなのに、あなたはこのファミリーのルールを守れない。ということは、あなたは僕のことやみんなを愛していない。ならば、もう違うルールのところへ行ってください。そして残念だけど、あなたがその辺で野たれ死のうが、それはあなたが選んだ道ですから。残念です」と。そう言って、玄関から静かに出すんやな。で、そのあと、「家に入れて！」と言う娘と、玄関のドア越しで、「何が、どう間違ってたんか」、さらに「今後どうるのか」を本人の口からちゃんと聞き出してからドアを開ける。**そのとき大切なのが、今度はしっかりとギュウッと抱きしめて、**「パパは愛してるんだよ。大好きなんだよ。

離れたくないんだよ！**だから家族みんなで助け合おうね！**と言い聞かせる。

ただおかしかったんは、上の子を外に出したときは「パパ〜！　入れて〜！」ってワンワン泣かれたけど、その玄関の外から「パパ〜！　そんなことしたらお外に出すよ〜‼」って突っ込みそうになったわ。姉妹でも違うんやなあ。でもね、この方法は賞味期限つき。高学年になったら通用せーへんねん。ほんまにどっか行きよると思うねん。中途半端にそんなこと言うたら、どっか飛び込みよるで。そりゃマズイ。まぁ、低学年までかなぁ。

だから僕ら親も気ィつけなアカンのよね。たとえば物心ついてきた頃から、ママが子どもの前でママを注意するんや（もちろんケース・バイ・ケースやけどね）。……と言って「お前が悪いんじゃあ！」とかいう失礼な言い方はせーへんよ。「ちょっと待ってくださいね。ママ、今の言い方は違うと思いますよ、僕は」って。そうやって、「ママも注意を受けるよ」ということを子どもに知らせる。さらには、当然僕も注意を受ける

「**ギャーーー‼**」って、なんかただただヒステリックになったら、わざと子

こともあると。そして僕もそこで正しく謝ると。ここがひとつのポイント。**素直に自分の非を認めることの大切さ**みたいなもんを伝える気持ちでね。それはどんなグループでもおんなじやん。会社もそうやん。役員もやっぱりチェックされるワケやからね。僕ら親も間違えることがある。でもファミリーなので、お互い注意し合う。

こういう書き方をすると、「だから最近は親の威厳がなくなってるんや！」と眠たいこと言う人がいるけど、威厳はそんなところで見せつけるんと違うし、そこの勘違いをまだ続けているということが、今のいろんな問題の出発点にもなってるんよね。

大人に必要なんは、嘘っぽい威厳やなく、レモンの被りもんでもなく、子どもたちに「生きていく強さと、助け合う優しさ」を伝える、「説得力」と「伝わる愛」やと思うなぁ。知識があっても、心のない人間は説得力あれへんし、だから金でモノいわすんやと思うなぁ。そんな心を育むためにも、家族という最小単位の社会で、幼いときから人権を尊重し合い、常に話し合いを重ねるっちゅうんが大切なんやと思うで！

……ところで、サマースクールのお金はどこから調達したんやろ？？？

緊急会議や！！

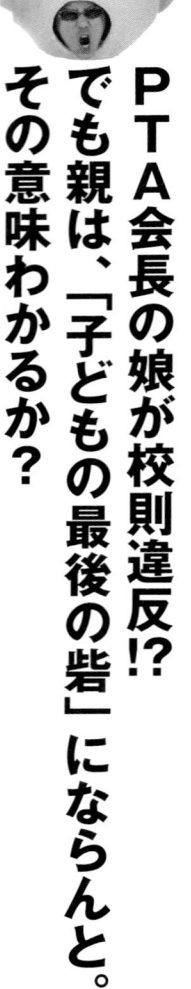

PTA会長の娘が校則違反!? でも親は、「子どもの最後の砦」にならんと。その意味わかるか?

娘がサマースクールから帰国して、実はひとつ事件が起こったんや。それは、娘が髪の一部にオレンジ色のエクステンション（つけ毛）をして、学校に行くようになってもうたんや！ 要するにPTA会長の娘が、校則違反や。**ワ〜オ!!**

先生はすぐさま、「こんなのはダメよ。はずしてきなさいね。みんなもやりたがるからね」って。本人は「えっ？ なんではずさなアカンの？ **みんなもやりたいなら、やればいいじゃん！**」と、プチ反抗モード。

娘は、家に帰ってから僕にこう言った。

娘「だってこれは、サマースクールで出会った友だちが、『カナダの記念に』って、何時間もかけて一生懸命編み込んでくれたんだもん。すごい思い出の品だし、なんで

「はずさないといけないの?」

オレンジ色のエクステは、他の髪の毛と一緒に、細く三つ編みしてあったんよ。

僕「あぁ、そうなんかぁ。でもなぁ、学校っちゅう場所は、やっぱり集団生活してる場所やから、僕らファミリーと同じでルールがあってやなぁ、そのルールには当然意味も理由もあるから、守らんと注意されるんやな。だから、あなたはルール違反してるんやし、『はずせっ』っちゅうことになるんやで。一応そういうことや」

娘はムスッとしながら、黙って聞いてる。

僕「でもパパは個人的にはどう思うかっちゅうと、**大切なのは、そのムスッという顔が、『納得! わかりました!』っちゅう顔になること**やと思うねん。つまりやなぁ『ルールやから、注意されるから、怒られるから』っちゅう理由があったとしても、

自分の中でまだ納得いかへんねやったら、とことん納得するまで先生と話すべきやと思うねん。僕やったらそうするなぁ。ほんで、がんばって先生を説得するか、解決の方法を探すな〜。おおげさやけど、これから生きていく上で、そういう練習が必要やと思うでぇ。**そういうことせんとグチグチ文句言うんが、いちばんカッコ悪いんちゃうかなぁ？**これはある意味、自分の思うことを表現する戦いや。それも相手はふたりや。ひとりは先生、もうひとりは納得出来てない自分自身や。先生に『わからない。納得出来ない』。って言えばエェんちゃう？」

とか言いながら、実は僕も心の中で戦ってたんよね。だってなぁ、この件に関して話してくれてる先生のことを、僕は前からリスペクトしてて、好きな先生やったんよ。「あの先生はいい先生やし、ルールなんやから言うこと聞きなさい！」っと言って、「あの先生はいい先生やし、ルールなんやから言うこと聞きなさい！」っちゅうのは簡単やけど、それしてもうたら、せっかく何かを学べるチャンスやのにもったいないやん。それに先生のこと信頼してればこそ、やれることやしねぇ。
そしたら「わかったー！」っちゅうて、次の日も娘はオレンジ色の髪を入れたまま

元気に学校行きよんねん。ワ〜オ‼ ほいだら、先生が「まだ取ってきてないの?」って、そこから先生との話し合いが続くんよね。でもお互い平行線のまま、最終的に連絡帳かなんかに手紙書かれて、親に届けられたワケや。僕ら親は、**「ついに来ちゃったか」**と。手紙には「ご両親はどんなふうにおっしゃってるかわかりませんが、これはちゃんと、家のほうで取るようにしてください」と書いてあった。僕は娘に言った。

「こういう手紙がきた。だからと言ってあなたから無理やり取る気はない。なぜならあなたの気持ちがわかるし、そんなことをしてもまだあなたの顔は『納得!』になれへんやろうしね。パパはあなたのために学校に行ってきます。そしてあなたの想いをあらためて伝えます。で、先生の話を聞いてきます。先生が納得する意見を僕に言うてくれたら、僕は納得して、『こういうことや』ってあなたに説明をします。

でも、ぶっちゃけパパはどう思ってるかというと、ハッキリ言って、オレンジのエクステは似合ってるし、おしゃれやし、センスいいし。個人的には、たかがエクステ

ひとつが問題になってること自体が問題だと思っているんや。エクステにこだわる前に、**子どもの感性を伸ばすせっかくのチャンスをひとつ摘もうとしてる日本の教育システムのほうが、問題や**と思ってる。ちょっと難しいかな？

ただ、それ以前にこれはルールやからね。守らんかったら、その団体からクビになる。つまり、オレンジのエクステをするために学校やめなアカンかもしらん。そういうの許される学校を探さなアカンかもね。でももちろん、あなたが好きなように戦ってくれればいいと思う。簡単に言うと、自分の思ったように生きるというのは、それだけ大変だし、必ず、リスク……、つまり『危険なこと』がついてくるからね。覚悟がいるよ」

そして学校へ。校長室には、校長、教頭、担任と僕。

「先生、あのー、僕は別に文句言いにきたんちゃうんですよ。単純にね、子どもはカナダへ行って、こういうストーリーがあって、何時間もかけてつけてくれたもんを、いきなりね、理由も聞かんと『ルールやからはずせ』って言ったら、当然子どもだっ

て、『なんで？』っていうふうになるから、その説明を納得出来るようにしてほしいんですよね。

で、ぶっちゃけウチでは、『自分がしたいことは自分の責任でやり通せばいい。納得いくまで先生と話しなさい。いちばんイヤなのは、話もせんと、納得もせんと、ブチブチブチブチ陰で文句を言うこと。そして負けたら、負けたでいさぎよく負けを認めてはずしなさいよ』って言ってますから。先生、娘ともっと話をしてもらえたら嬉しいんですけどねぇ。

それにね先生、僕思うんですけど、子どもっちゅうもんは、何も難しいことはないと思うんですよ。自分がコレをはずしたくない理由を、まずは**先生がしっかり理解してくれたっていう『安心感』がほしいんや**と思うんです。と言っても『わかった、わかった』っちゅうようなうわべの理解じゃなくて、『そうか、そんな想いでつけたんかぁ。そりゃ、つけときたいやんなぁ。でもなぁ、ルールがこうやしなぁ。そのルールが出来てる意味はこういうことやしなぁ。みんなマネしてくるしなぁ。学校は団体やし勉強するところやからなぁ。どうやろ、こういう別の方法は？ こういう別の考え

方は?』って感じでしっかり話したってください」

 こんな話をしに行ったワケ。どう? 読んでても面倒くさいでしょう〜? 学校行ったときは仕事の合間を抜けて行ったしねぇ。でも僕が言いたいことのひとつがココやねん! **「最近はこの『面倒くさいこと』が欠如しすぎちゃうか?」**と。時代はとにかく便利な世の中を目指す=面倒くさいことが減るっちゅうことでもあるんやな。それに慣らされてくると、気づかんうちに大切な『面倒くさいこと』まで失くしてしまうことがメチャあんねんで〜。考えてや〜、野菜ひとつ育てるんでも、どれだけ面倒くさい? ましてや人間を育てるんやでぇ! 比べること自体怖いわ! でもなぁ、本来育てるっちゅうことは面倒くさくないハズやねんから。だって愛情があるハズやねんから。

 そういう意味では、あの**「頭ごなしに怒る」**っちゅうのも撲滅せなアカンな〜。大人社会でも「頭ごなし」に人を叱ってる人おるけど、アカンな〜。「ただのストレス解消か?」っちゅう感じやもんな〜。いかにこの「頭ごなし」が実は「面倒くさい」から きてるか、また「頭ごなしがこの世の悪」か、わかってない大人が多すぎるでぇ。

おっと、話を戻すと、それから先生は、「2週間だけ、つけて来てもいいことにしましょう。でもその前に、娘さんからクラスみんなに説明してください。こういう思い出があって、こういう理由でつけてきていることを」と言うてくれた。やっぱりエエ先生やわぁ～！

それで娘は、みんなに説明したんや。そしたらクラスでは、「いいよ」っていう話になって、2週間、してきていいことにしてくれたんやて。

でも娘は、なんとその決定の3日後にはエクステを自分からはずしてたんよ。

僕は「あれ？ あと2週間くらいエエねんで」って言ったけど、娘は「いや、もうエエねん」と、**思いっきり「納得!!」っちゅう表情**やったんよね。

子どもってそんなもんや。

僕はこのひとつの出来事だけで、娘と一緒にいろんなことを学び、確認できた気がしたんですわ。たとえば……、

1. 「人間教育はコミュニケーションがすべて！」……そのポイントはやっぱり、ひとりひとり子どもの心をしっかりと丁寧につかんでやること。逆に子どもは子どもで、しっかり自分の気持ちを表現する力を身につけていくこと。

2. 「親はどんなことがあっても、子どもの最後の砦である！」……人間は誰もが愛されてる、理解されてるという「安心感」がとっても大切。子どもには親がそれを与えてあげる。

3. 「納得するプロセスの練習が大切！」……たとえ諦めることにも、納得は大切で必要なこと。

4. 「リスクを知る！」……自分らしく生きるには、時としてリスクを背負うということを知る。

などなど、まだまだたくさんあるけど、特に、ふたつめに関して補足しておくと、子育てとかルールとか、単純に物事の「良し悪し」の線引きは当然としかなアカンと思う。そやけど、まず重要なんは、**「子どもの最後の砦は親や」**っちゅうことやねん。それを忘れてるっちゅうか、「親やったら誰でもそう思ってるに決まってるでしょ、そ

んなの」とか言って、勘違いしてる親が続出してる気がするんよ。どういうことかっちゅうと、自分が砦やと思ってても、**「それが当の子どもに伝わってなかったらまったく意味ない！」**っちゅうことやねん。特に最近の青少年犯罪を紐解けばすぐわかるハズ。

もし伝わってるんやったら、自分の砦やと思ってる親を殺せるか？　逆ちゃうか？　砦が裏切ったんちゃうか？　人間は誰かに愛されているという「安心感」があれば元気でいられるはずや。けど、それを見失うと、心もバランスを失っていくんよね。だから親なんかそういう立場に必ずおらなアカンと思うんよ。

たとえば、僕が頭ごなしに「うるさい！　規則は規則だぁ！　お前を養ってるのはオレだぞ！　親の言うことが聞けんのか！」とか何とか、間抜けなことばっかり言うて、オレンジ色の髪の毛をブチっと切ったら、同時に、親と子の信頼関係もブチッと切れるなぁ。それに子どもは、そこからな〜んも学べへんし、またおんなじことするでぇ。それどころか、学校に対しても不信感。「自分はそんな学校行きたくない！」って言い出しかねへんなぁ。**最悪ぅぅぅ〜。**

ただ、それと「甘やかす」っちゅうんとは全く違うねんなぁ。その違いをひと言で

言うのは難しいけど、たとえば**「正しく愛すると、相手は人としてカッコよくなるはず。甘やかすと、逆に人としてカッコ悪くなるはず」**っちゅう感じじゃなぁ。ついでに言うとくと、「愛と自分のエゴ」とをはき違えてる親がこれまたメチャ多いんよね〜。あなたが「愛情」だと思ってやってることは、実はあなた自身がまん出来ない「エゴ」じゃないですか？　あなたはこの違いを説明出来ますか？　出来たらまだ大丈夫かも⋯⋯。

で、結局、僕が娘にいちばん伝えたかったんは、自分の思ったことをするには、それなりのパワーとアイディアとリスクがいるんやでっちゅうことやね。

⋯⋯な〜んてエラそうに書いてきたけど、実はこの話、えらい落ちがあってやねぇ、僕がこの原稿を書くために、娘にこのときのことを確認してたら、**「実は、カナダの友だちがつけてくれたから、っていうのはウソやった」って大告白されたんよ！！！！！**

あれは帰国後、すぐに自分でつけたんやて。なんか、帰国したときにバラバラといっぱい髪につけてたんは事実やねんけど、帰国したときのは全部はずして、1本だけ新

たにつけたんやて！　娘は「カナダの思い出って言うたら、許してもらえるかと思った」って。「これもアイディアでしょ？　それに気持ちはウソじゃないんだよ」って。
　いよいよ小学生をなめたらアカンと思ったし、ホンマ、教育ってある種の戦いやな〜っと痛感したわぁ〜。

「PTA活動と家庭教育の相対性理論」。僕の実家に見る「笑いのススメ」エピソードを添えて……

PTA会長をやって、2005年の4月でとうとう5年目に突入や〜！ 早っ！

そんな僕に、あるお母さんが、「5年やると、確かどっかから表彰されるんですよ」と教えてくれたんや。僕は心の中で思った。「それは素直に嬉しいけど、でも間違ってんなぁ」と。PTAの仕事はあくまでも子育ての一環。**子育てに「表彰」なんてあらへんやろ**。あるとしたら、ひとりでお風呂につかりながら、「よくがんばってまちゅねぇ〜、僕！」でエエんちゃう？「表彰」なんかしたら、「子どもを想うPTA」っちゅうのが余計おおげさで、大変で、特別なもんになってまうで〜。PTAが学校のお手伝いをすんのは当然や。そういうのが間違った感覚の大人を生むんよね。**「政治家に『先生』言うのは、もうエエ加減カッコ悪いからやめようや！」** っちゅうのと同じや。

ほな、話を本題に。

4年間PTA活動に携わって、僕の中でいろんなキーワードが生まれたんやけど、その中でも基本中の基本である、ひとつのキーワードをあらためて書きます。

それはズバリ！

「PTA活動と家庭教育の相対性理論」（半分シャレ）

なんのこっちゃ？　ちなみに、日本人になりたかったアインシュタインとは関係あれへんからね。つまりこういうこと……。

親は、PTA活動を通じて、子どもが通う学校や先生のことがよくわかり、子どもをより理解してあげられるようになる。逆に子どもは、そのPTA活動に一生懸命励む親の姿を見て、親の愛情や気持ちを理解することが出来る。つまり、親がPTAでがんばると、家庭教育でも、両者のコミュニケーションはよりスムーズにいく。この両者の関係性のことを、**「PTA活動と家庭教育の相対性理論」**という。

注意1：家庭がメチャおろそかになるぐらい、親がPTA活動に没頭しすぎないようにする。

注意2：子どもが「それはやめて！」と恥ずかしくなるようなことをするときには、必ず子どもの承諾を得てから行うこと（僕や！）。

何でこんなことを書いたかと言うと、極論かつ当然やけど、PTAは結局、子どもたちの家庭がしっかりとしてへんかったら機能しなくなるんよね。さっきの相対性理論も何の意味もなくなってまうんよ。ここで言う「しっかり」っちゅうのは、「子どもがしっかり愛情に包まれているっちゅうこと」やね。

そこでや、僕の思う家庭教育の極意を、「今回は、惜しげもなく披露しようやないか！」っちゅうこと言うたらエラそうやろ？　実はな、僕の実家の話をしようと思うねんけどな。僕の親の家庭教育ってとこで言うと、なんと！　まったく何にも教えてもらった記憶が、僕にはないねん。つまり、教育されたっちゅう記憶がないねん。

そんな暇がないぐらい、お袋とオヤジは働いてたしな〜。

ただなぁ、あるとしたらこういうことかな〜みたいなんが、ふたつだけあんねん。それを披露するわな。メチャシンプルやで。たったふたつや。

ひとつは、お袋はいつも僕ら兄弟を抱きしめて、「目の中入れても痛くない」、「あんたらがいてるから生きてるんや」、「大好き、大好き、愛してる」……きりがないほど、その類の言葉を発してたんや。安堵感バリバリやった。

それからふたつめ。オヤジは、**「笑いは心の強さ、優しさ、大きさの象徴や」**っちゅうのを、何も言わずに教えてくれた。

そんな一例を……。

なんせ僕は、親の前ではエェ子やったんよ。でもホンマは、連れはみ〜んなヤンキーで、タバコも吸うとったし。でも、今考えても、不思議な子やったなぁ。ヤンキーの格好は、ひとつもしてへんのよ。ハッキリ言うて、周りと一緒っちゅうのがアカンかった。正直ダサイとも思うてたし。

中学1年のときは、分校に行っとったんやけど、本校も合わせた全体の生徒会の副会長で、分校のほうでは会長やった。中3まで野球ばっかりやってて、勉強は「普通について行っとこか〜」程度はしてた。そんな子どもやった。

家は長屋やった。隣の家とは壁1枚隔てるだけで、ぶっちゃけ、隣のオナラの音が聞こえたし、2軒隣の親子ゲンカも丸聞こえ。向かいの家も4歩行ったら玄関に着く。

でも、正直貧乏やった（こう言うと、お袋に怒られるんよね〜。わかるけど……）。

ただ、貧乏でもメッチャ楽しかったんよ。まず、オヤジがスタンダップコメディアン（アメリカの漫談家）みたいやねん。とにかく記憶として残ってんのは、オヤジは普通に家に帰ってきたためしがない。それは、すごいちょっとしたことやねん。オヤジは帰ってくると、玄関からそぉ〜っと上がってくるんやねん。そんとき僕と弟とお袋は、テレビ観てて集中してるから、オヤジが帰って来たこと気づけへんねん。そこでオヤジは、テレビがある部屋の引き戸を、**「うわぁっ!」**って開けるんや。ほぼ毎晩や、いっつも**「うわぁっ!」**ってビックリ！ ほんでオヤジは笑っとんねや。これが。オヤジの頭、おかしいやろ？

ほんでなぁ、さらにおかしいのが給料日。また、そぉ〜っと上がってきて、引き戸から小さい箱だけを入れて、「ホレホレホレ〜」って見せよんねん。僕らはわかってるから、「エェねん、オヤジ」って感じじゃ。そしたら、「わぁ〜っ!」って入ってくるんよ。そして**「ビアンのケーキ!」**って、自慢げに言うんよ。これがね、駅から商店街

があるんやけど、そこに「ビアン」っていうおいしいケーキ屋さんがあんねん。まぁ、今、食べたらおいしいかどうか知らんで。でもそこで、給料日になったらケーキ買って帰るんよ。それを**「ビィア～ンのケェーーキ!」**とか言いながら、嬉しそうに、オヤジ。もう、その時点で笑いが起こるし、その時点で楽しいし、「オヤジ帰ってきた～! わーい!」って感じ。まずそれが楽しい。

さらに贅沢なイベントごとがいくつかあって（贅沢っていうのは、僕ら貧乏の言う贅沢やで!）、夏になったら、オヤジがスイカを買うてきて、また引き戸の隙間からビヨーンって出すんよ。僕らは**「おぉ! スイカや!」**って。でも、スイカが丸々ネットに入ったのを持ってんねやったらエェんやけど、半分のスイカがネットに入ってんのよ! この半分のスイカをビヨンビヨンって見せられて、僕らは**「ヤッター! フルーツポンチ! フルーツポンチ!」**って言うワケ。そんでさっそく、その半分のスイカの中身を、スプーンでくり抜くんやな。くり抜いた実をスイカの器に入れて、そこにな、赤玉ポートワイン（いちばん安いワインや!）をドクドクド～ッて入れて、氷を入れて、それを**「フルーツポンチ! フルーツポンチ!」**って喜んで食べとった。でも、今考えたら、スイカだけやねん! フルーツポンチちゃうねん! **だま**

されとったんや、僕！ これがフルーツポンチや思うてたんや！ ほんで大人になって店行って、フルーツポンチ頼んだら、いろんなモン入っとんねん！ **ビックリや！**

でもこれが、山本家の贅沢な大イベントやったんよね。スイカだけフルーツポンチを囲んで、みんなで食べるっていうね、このアットホーム感。**そう、アットホーム！** ほのぼのしてる。でも僕ら、スイカポンチをフルーツポンチやと思うてた、イカレポンチや（笑）。

ただ思い起こしてみると、ウチのオヤジだってサラリーマンやから、会社でいっぱいイヤなことあんねんで。なのに、絶対それを持ち帰ったことないもん。1回も！

僕は、「幸せになるためには、最低限何が必要なんですか？ シュウさん」って聞かれたら、もう答えはひとつやねん。**「笑い」**やねん。あるいは**「ユーモア」**や。これがすべてや。どんな腹ペコでもユーモアが出たら、人間その場は救われんねん。死にかけて、もう「心臓止まる〜」って言うても、ユーモアぶちかませたら、ユーモアが

そいつハッピーや。

あの映画知ってる？「ライフ・イズ・ビューティフル」。ナチス・ドイツに連れて行かれたユダヤ人親子が、強制収容所の中でもユーモアたっぷりに生活していくんやけど、このオヤジがまたイケてんねん。最後な、とうとう連行されて殺されるっていうときに、その連行される途中で、息子が見てることに気づくんよ。そしたらオヤジは、急にピエロみたいな歩き方始めて、ウインクまでするんや。そしたら息子は、それがおかしくて笑う。ほんならそこに、悲壮感も悲痛感もないねん。つらいっていう空気が消えてまうねん。そんなときでも子どもは笑いよんねん。「パパつらそう」っていうのは、子どももつらいワケやん。でもユーモアぶちかませば**「パパが楽しそうにしてる。僕も面白いから、当然パパも楽しいんやろなぁ」**って思えるねんから。両方幸せや。それを子どもが、大人からずっと与えられたら、ずっとハッピーや。

「笑う」ってことは「ハッピーホルモン」が出よんのよ。

「ハッピーホルモン」は医学用語やで。「ベータエンドルフィン」っちゅう、ちゃんとした名前があるんやけど、これが通称や。幸せ感を感じるところに、ホルモンが分泌されて幸せを感じる。それを通称**「ハッピーホルモン」**って言う。その言葉を医学生も使うんや。でも医学生は普通に学校で習うもんやから、面白いと思わへんワケや。普通に「ハッピーホルモンが分泌されて」とか言うから、でも僕はそこで「ちょっと待て」と。「ハッピーホルモンってなんやねん」と。聞き方によっては、「エッチなことして、ハッピーなホルモンが出た瞬間」みたいなぐらいに思うたワケよ(笑)。

たとえばご飯食べてね、「うわぁ、おいしいコレ。ありえへん！」って言うたら、ハッピーホルモンが**ブワァーッ**て出てんねん。「今日は憧れのあの女の子とデートや！」って言うてるときも、**ブワァーッ**て出てんねん。それから僕は、この「ハッピーホルモン」って言葉が気に入って、しばらくギャグに使うてた。

つまり、僕の実家はハッピーホルモン分泌しまくりやったんやと思う。ハッピーホルモンはな、ただ笑うだけでも分泌するんやで。貧乏してても笑いがあって、なんかこう……アットホーム感もある。僕は家で何か特別なことを学んだっていう記憶はな

いけど、しいて言うなら「優しい心」、「フラットな心」かな。でも、**結局はこの「よう笑うてた」ってことが、大切やった**と思うねん。

もし「子どものこと、どう教育していいかわからん」って思ってたり、家庭教育だけじゃなく、「なんか私、不幸」って思ってたりしたら、まず笑ってみぃ。笑いのススメ。家庭に笑いを起こすんや。実はそういう演出も大切なんやで。家族って「血がつながっているから通じ合っている」って勘違いしてたら、大間違いや。家族の間の信頼関係もそうやけど、幸せ感っていうのも演出して、築き上げていかんと。そのまず手っ取り早い方法が**「笑いのススメ」**なんやと思う。

そうそう、僕ね、昔**「イェイ・イェイ・キャンペーン」**っていうのをやってたんや。僕がいっつも口癖で「イェイ、イェイ！」って言ってる、アレ。「イェイ、イェイ」はなんでも使える言葉やねん。たとえばカレー食べてて、「なぁ、そのカレーうまい？」って聞かれたら、**「イェイ！ イェイ！」**って元気に言うと「おいしい」ってことやと。逆に、マズイことも表現できる。「それってうまい？」って聞かれたあと、暗い声で「イェイ？ イェイ？」ね。「こんにちは」っていうときにも、「イェイ♪ イェ

イ♪」とか。「それって言い方だけやんけ！」みたいな！でも、なぜこれをやったかというと、自分自身しんどいときに、ワザと「イェイ、イェイ」って言うんや。しんどいときの「イェイ、イェイ」は元気がないし、声もあげられん。でも「イェイ、イェイ」言い続けてみると、しんどいのに「イェイ、イェイ」言うてる自分が、なんや、ちょっと間抜けっぽく思えて、面白くなってくるんや。「イェイ、イェイ。イェイ、イェイ……アホちゃう？ 僕」って言ってるうちに、**「イェイ、イェーーーイ！！！！」**ってなってくるんや。これが「イェイ・イェイ・パワーのススメ」。つまり、カラ笑いを続けると、ホントの元気になってくるよってこと。だから、笑いもカラ笑いでエエから。**笑われへんかったら、カラ笑いしろ！ カラ笑いしてる自分に笑え！** 僕ね、写真撮られるときに、ホントの笑顔が出来なくて、横向いていっつも笑うのよ。横向いて「ハハハ！」って。そうやって笑ったら、「僕、アホちゃうか！」って、その自分に笑うねん。そしてカメラのほう向くねん。いっつもやってる。これ**「カラ笑いのススメ」**。怖いけどね！

日本中が**「イェイ！ イェイ！ イェ〜イ!!」**って言い出して、カラ元気でもエエ

ピーホルモン出まくってますからーーー！

から元気なって、笑い出したらエエのになぁ～。この本読みながら、「そんなことで幸せになるか！ボケェッ！」って思った人こそ、ウソでもエエから「ハハハ！」ってやり続けてみー！それで今、「ハハハ！」って言うた自分がおかしくて笑ったとしたら、その瞬間、**ブゥワァーーーーッて、ハツ**

ハハハハハ……

おっ。「はははは」と打ったら「母はハハ」と誤変換しよった。ハハ。

僕がパパをやってる山本ファミリーはどうなんか？ 僕がいちばん、大笑いさせてもろうてます～！

さて、「笑いのススメ」っちゅうことで、僕の実家の例を出したんやけど、今回は、僕自身がパパを務める山本ファミリーをさらけ出しながら、幸せについての究極の話をしますわ。究極の。

名づけて、**「誰もが幸せになれる理由！ ～レモンさんの幸せカップ～」**

幸せになるのに欠かせへんのが、笑いです。笑うとハッピーホルモン（ベータエンドルフィン）が分泌されるっちゅう説明は、この前にしました。それに単純な話、赤ちゃんの顔の前でお母さんが怒った顔を見せると、赤ちゃんは泣き出します。でも、笑顔を見せてあげると、赤ちゃんは笑い出すっちゅう。**要は笑いって、自分と人をも幸せにするパワーを持ってるんですわ。**

そんなワケで、家では、「笑い」っちゅうことで言えば、僕がこんな性格やし、その上、関西人やから、「常に笑いは絶やさへんでぇ〜！」っちゅうて、笑いを生むように意識をしてるんです。

たとえば、まず僕がしてることは、どんなことに関しても、大人の役目として、世の中にある「メニュー」を見せてあげるんですけど、ここでは「笑えるものを見せる」っちゅうことで、ある程度のメニューを子どもたちに見せてあげるんよね。ズバリ、

「笑いについてのメニュー」。

まず伝えんのは、「今、世の中にあるお笑いは、こんなのがあるよ」と。「ミスタービーン」から「コメディー映画」や、「ウォレスとグルミット」を含めたいわゆる『洋モノ』。そして「はねるのトびら」から各種「お笑い番組」や、ギャグCGアニメの「The World of GOLDEN EGGS」などの『和モノ』など、それらの番組やDVDを子どもたちと一緒に観たりして、「今どんな笑いがあって、さらにどんな笑いが子どもたちは好きなんか？」っちゅうのを、笑いながら自然に探っていくんよ。もうそんなことしてる時点で僕たちおかしな親子でしょ？

こんなこと書いたら、それこそPTAから、「そんな低俗なテレビ云々……」とか突っ込まれそうやけど、僕はハッキリ言うて、**日本人はもっともっと「ユーモア」や、「遊**

「笑び心」の必要性と重要性を知るべきやと痛感してんねん。もちろん、ホンマに低俗でダサい笑いは存在すると思うけど、大切なんは、「その中でもイケテルものってどんなん？」とか、「これは、人を傷つける救いようのない笑いやな」とか、「どんなテイストが自分は好みなんかな？」っちゅうのをチョイスする感性と、力を養うこと。なぜユーモアが幸せになるために大切か、本当の意味を知るっちゅうことやね。だってぶっちゃけ、相手がつまらなそうにしてるのに、それをお構いなしに「僕、エエ話してるでしょう！」的な顔した人、日本の「エライ人」って言われてる人に多いでしょう。それこそマヌケに見られるでしょう。マヌケに見られたくないから、真剣に「ユーモア」を考えんねんな、これが。

だから、家にはすでに、コントの持ちネタがいくつかあるんですわ。……っちゅうのも、ある日突然、当時まだ幼稚園に通ってた下の娘が、**「パパ、コントしよう！」**って言うてきたから、「これはチャンス！」と思ったんよね。それに、もともと僕の家には、いろんな人や子どもがよく出入りするから、「そこで何か見せれるものはないか」と、考えてたときやったんよ（それも普通ちゃうな？）。だから、僕の知り合いの芸人さんのネタをヒントに「お子ちゃま用親子コント」を考えたんや。それも子どもと一緒に考えるっちゅうのが大切やな。そのうちのひとつはこんな感じ。

——まず、3人でパチパチパチ〜って手を叩きながら出てきて

全員　「ハイ、どーもぉー!!」（って、漫才やコントでよく使われてた登場の仕方）

——そして、僕だけが1歩前へ出て、手足を広げてひと言

僕　「シュウちゃんでぇ〜〜す！」

——それで僕が下がったら、上の娘が1歩前へ。そして同じように

上の娘　「○○ちゃんでぇ〜〜す！」

——と言って下がり、次に下の子が

下の娘　「△△ちゃんでぇ～す!」

――そしてみんなで声を合わせて

全員　「3人合わせて!」

――と言ったあとひとりずつ

僕　　「シュウと……」
上の娘　「○○と……」
下の娘　「△△でぇーーーす!」

――そこですかさず上の娘が

上の娘　「そのまんまやーーん――!」

——と突っ込んだ後、ちょっと間をおいて、3人一緒に、片足前に蹴りながら、鼻から何かがビョ〜ンと出てきたような身振りで、声を合わせて

全員　「ドゥーーーーー！」

って。僕の敬愛する芸人の村上ショージさんがやってたギャグを拝借した。まさに力技で無理やり落ちにもっていくんよ。その無理やりな感じがまたエエねん。そしてコントのネタに入っていくねん。

僕　　　「コントォォォ〜」
娘ふたり　「コントォォォ〜！」
僕　　　「宇宙人発見！」
娘ふたり　「うちゅうじんはっけん！」

——と言うたら、上の娘がレポーターの役をやる

上の娘　「さぁ、宇宙人を発見したと言われる方が、こちらに来られました。どうぞ」

——と言うたら、僕は、体をしゃがませながらよちよち歩き、宇宙人を思わせる声を出す。その僕の手を下の娘が引いて出てくる

僕　「ぷちゅぷちゅぷちゅぷちゅ……」

——そしたらレポーター役の上の娘が

上の娘　「この宇宙人はどこで見つけられたんですか？」

——と下の子にマイクを差し出すと、その瞬間、僕がバァッとマイクを横取りして

僕　「向こうの裏山だべさ！」

——と素で答える。そしたら娘ふたり同時に強烈な声で

娘ふたり　「お前が見つけたのかよぉ～！」

——と、突っ込みを入れる。そんで少し間を置いて

全員　「ドゥーーーーー‼」

ってやんねん。わかった？　つまり、宇宙人だと思ったのが人間で、人間だと思ってたのが、実は宇宙人だったっちゅうことやねん。もう、たとえこんなベタな、わかりやすいノリでも、ネタをやるだけで、何よりやってるほうが面白くて、楽しいんよ。下の娘なんか難しいセリフ言わんでもエエしね。

ただな、これはあくまでも例やねん。何もコントをススメてるんと違うで。間違えんといてや。ススメてるんは、**「笑い」**やで。当然クールで無口なお父さんだっておる

しな。僕の伝えたいポイントは、クールだろうが、頑固親父だろうが、鬼ババァと呼ばれていようが、そんなこと関係ナイチンゲール！……みたいなサブい親父ギャグを言うてようが、エェねん！　重要なのは、「一緒に何かを夢中で楽しむ！」みたいなことやねん！　たとえ相手が幼稚園児だろうが、娘だろうが、息子だろうが関係なく、「一緒に何かを夢中で楽しむ！」っちゅうことやねん。卓球、ゲーム、山登り、野球、サッカー、ドッヂボール、バドミントン、カラオケ……、そしたら必ず、必ず、いつのまにか自然な「笑い」や、「笑顔」が生まれるはずやねん！　**子どもは親の笑顔が何より大好きやねん。** その笑いが生まれた瞬間、同時にハッピーも生まれてるんや。その笑いを、親と子どもで一緒に生むことが大切なんや。「笑うと、心が自然とハッピーな気持ちになるんや」を、実際体で感じていくことやねんなぁ。その「ハッピーになるコツ」みたいなんをつかんでいくっちゅうことやねん。

で、あらためてなぜそこまで「笑い」が大切か？　っちゅうのを簡単に説明すると、

笑いを生むのは、ユーモア。
ユーモアを生むのは、心の余裕。

心の余裕を生むのは、心の強さ。

つまり、笑いは、心を強くし、幸せを引き寄せるからやねんなぁ。

そこで！ **「レモンさんの幸せカップ」**というお話をプレゼントします。

僕はこう思うねんな。人の心には、みんな同じ大きさの幸せを感じるカップ**「幸せカップ」**があるんやで。AカップもBもCもないんやで。イメージとしては、胸の中に入る小さな優勝カップや。そこに嬉しさや、楽しさ、充実感や、感動というような、いわゆる幸せを感じる水**「幸せ水」**を入れていって、いっぱいになると、まさに「幸せいっぱい」、「優勝！」っちゅうことになるんや。ところが問題は、この「幸せ水」をどうやって汲んでくるかや？

たとえば、彼氏が、汗水たらして、一生懸命にこつこつ働き、貯金したお金で買ってくれた指輪を、クリスマスプレゼントにもらったときは、彼女も彼氏も「幸せ水」で**「幸せカップ」**がいっぱいになって、まさに**「幸せカップる」バンザーイ！「優勝！」**

っちゅうワケやね。けど、たとえば、エジプトの石油王が、宝石や、フェラーリ１台を誰かの手土産でプレゼントされたところで、石油王の「幸せカップ」は満たされへんやろ。だからっちゅうて、何も「お金で幸せは買われへん！」ちゅうような、きれいごとを言うてる話やない。だって、壊れた洗濯機を使い続けてる主婦のストレスは、半端じゃない。そこに、高いけど、最新式の洗濯機を購入出来たとしたら、そのお母さんの持ってる「幸せカップ」は「幸せ水」があふれまくってるハズやし。ただ、僕が言いたいのは、いくらお金があろうと、最新式の洗濯機を持ってようが、そろっていようと、この「幸せカップ」が満たされてない人がたくさんいるのが事実やねん。逆に、生活がキュウキュウでも、不幸なことばかり起こってても、この「幸せカップ」がいっぱいになってる人もいるっちゅう事実や。

つまり、**「幸せカップ」**を満たす**「幸せ水」**の増やし方のコツさえつかめれば、誰だろうが、どんな運命だろうが、どんな状況だろうが、幸せを感じられるっちゅう、ある意味、究極のお話やね。

じゃあ、そのコツとは？　そのキーワードはズバリ！

「あるものねだり！！」

それはどういうことかと言えば、人間にとって、ある程度の「ないものねだり」は、目標になったり、励みになったり、ポジティブな力になるけど、**過度の「ないものねだり」は、その人間を不幸にさせる。** エェかぁ、人間の欲は宇宙規模で果てしないんやで。だから、同じ宇宙を見るなら、自分自身の中にある、まだ見抜けてない宇宙を見るべきなんやと言うこっちゃ。人間は、その人自身がすでに持っているステキなものに関して、気づけなかったり、すぐ忘れてたりしよんのよね。アホや！ 僕も含めて。だからよく「感謝の気持ち」や、「当たり前は当たり前じゃない」、「自分ひとりで生きてるんと違うんやで」という言葉が、あちらこちらに存在するんやね。究極は、本気で**「生きてるだけで幸せや！」**と思えたら、もうその人の人生は、優勝だらけや！

まだ気づいてない自分の可能性や潜在能力、周りからの愛に対して、「あるものねだり」して発見していくことが、誰もが幸せになれる理由やと、メチャ感じるねん。

子どものために、まず自分が笑わなアカンっちゅうこっちゃ！

ボランティアでやらなアカンPTA。ツラくなったら、「パウワウパワー」を思い出せ！

僕は今、ライフワークとして、「POW WOW POWER（パウワウパワー）」っていうトークライヴを、年に3、4回開いてるんや。「パウワウ」はネイティヴアメリカン（インディアン）の言葉で、「集まり」、「集会」、「祭り」などの意味を持っていて、すべてのパワーが集まった会……つまり**「集会の力」＝「シュウ会の力」**という想いを込めて、こうネーミングしたんや。それも2005年で7年目やで！　何がすごいかって、**このトークライヴは、すべてボランティアスタッフで作ってんねん！** これってやってみるとわかるけど、大げさに言うんではなく「奇跡」や！　ホンマ。だから僕はこのトークライヴを、**「奇跡の現場」**って呼んでんのよね。そう考えると、PTAもある意味「奇跡の現場」やで。PTAってみんなボランティアやろ。ただ自分の子どものためというハッキリとした理由があるけどね。この回では、僕らのそのパウワウを紹介することで、PTAの

ボランティア精神みたいなもんを考えることが出来るなぁ〜と思うてんのよ。そもそもトークライヴが始まった理由よね。それは僕にとっては単純なことで、**「ラジオが好き＝リスナーが好き＝人が好き」**。だから始まったんや。どういうことかと言うと、そのリスナーのこと想って、ラジオで言いたいこと、流したい情報がたくさんあるのに、ラジオでは個人が自由に情報を流されへん。それはナゼか？ラジオは「総務省の認可事業＝公共の電波」やっちゅう。つまり、税金払うてる人ひとりひとりの電波やねんな。そやから、その人たちが嫌悪感を持つようなことは、流したらアカンのやと。それはどんなこと？人を傷つけることやったり、シャレにならん嘘やったり、誇大広告やったり、性的でハレンチなことやったり……。

でも、たとえばエイズの話。僕は、日本人のエイズに対する誤った差別や、認識の甘さを、全国行脚してもエエから伝えたいと思うてる。でも、その想いをラジオで10分でも話せるかっちゅうたら、話されへんかったワケよ（最近でこそ、やっと話せるチャンスも出来てきたけど）。そもそも「ぇぇー、そんな話、辞めましょ〜。重たいから〜。番組のテイストと違うから」とか言われて、いやいや、テイストっちゅう前に、テイストが合うほかの番組でちゃんとやってくれてんねやったらエエで。やってない

からやん！「常にリスナーのことを考えて」が、聞いてあきれつるっちゅう感じやったんよね。それでも、自分の言いたいこと言いたいんやったら、「お金払って聴いてくれる、トークライヴでもすればいいんじゃない？〜」なんて言われたんよ。要するに、お金払うってことは、書籍類と同じように、そこに何が書かれていても、会場でどんなトークをしても、払うた人の責任にもなるっちゅうことやねんな。だから「わかりました」って、僕。そもそも、リスナーのこと想う気持ちが本気やったら、「これ言いたい。なんで言われへんの？」って、モメるのが普通やと思うし。だから、始めようと。正直、この本に書いている話も、僕の大好きなラジオで話をしたいんやで。でも、そんな時間ももらえないよ。だからこうして、ラジオDJが本を書かなあアカンっちゅう、異常事態が起きとんねんなぁ。

でも最初は、経費とか考えたら「こりゃ難しいな」と。ライヴハウスの使用料、機材費、運搬費……ぶっちゃけ、「スタッフをどう集めんの？　その前に、スタッフに払うお金なんかないで」って、そっから問題や！　そしたら、僕のラジオのディレクターをやってくれてた大親友の「しみっちゃん」こと清水という、まさに次郎長ぐらいの「ミスター男気」が、このトークライヴのプロデュ

ーサーを買って出てくれて。さらにラジオのほかのスタッフや、僕の実弟まで手伝ってくれたんや。こうして第1回目のトークライヴは、全員ボランティアで実現したんやな！　ただまぁ、1回は何とか出来るかもしらん。案の定、そのあと、少し間が空いたんよね。でも、今度は、「また、やらなアカンのとちゃう？」って、ボランティアのみんなが言い出して！　そもそも**「こらやらなアカン！」**っちゅう空気が生まれたってことがすごいんよね。もうそこには、金儲けってなってないんやもん。このライヴには、スタッフそれぞれの「想い」しかないんやもん。**ちゅう「想い」一発。**そんなトークライヴをひと言で説明するのは、実はちょっと難しいんや。見に来た人が友人に勧めるときには、結局「とにかく1回見て」になる、っちゅう話をよく聞くねん。だって、「笑うし、マジになるし、泣いてまうし、感動するし」って聞いたら、「どんなトークライヴなん？」と思うからね。**全員ノーギャラで「伝えたい」**

でも基本的には、日頃僕の腹の中に溜まったものをぶちまけるっちゅうのがコンセプト。だから、僕の周りで起こる様々な面白エピソードから、芸能界の裏話、僕が考えた未来の第4世代携帯電話の話とか、単純に「面白いかな」っていう話もするねんけど……。でも、さっきも言うたエイズ問題とか（コンドームの正しい使い方までレ

クチャーするで!)、戦争、いじめ、差別、凶悪犯など、いわゆる社会ネタ、もちろんPTAの話も! そんな、「これ知っとかんとアカンで」とか、「これどう思う? 僕はこう思うねんけど」っちゅう話もするんや。で、最終的には、「見に来た人の心に、なんらかのPOWERを贈れたらエエな〜」って、いつもスタッフと話してるんや。特にここ数年前からは、僕だけじゃなく、スタッフみんなのお腹に溜まってるものを、ぶちまけてる感じやね。だから、**集会の力=POW WOW POWER**やねんな。

その想いは観客に伝わってるんよね。トークライヴでは、来てくれた人にアンケートを書いてもらうてんねんけど、「ここに来ると、忘れかけてた心に気づかされる」、「何かリセットできる場所」、「心の中でモヤモヤしてたことを、シュウさんが代わりに言ってくれてるようで、スッキリした」、「POWERもらいました」って、書いてくれてんねん。そのなかでも、友だちに誘われて、山本シュウが誰かも知らんと初めて来たと言う人が、**「誘ってもらってよかった、来てよかった」**っちゅうのは嬉しいよね。

あと、このトークライヴの一つの名物やねんけど、「音楽をバックにしゃべりたおす」っちゅう、身内では、**「Rock & Talk(トークでロックするって意味)」**と呼んでることをしてて、実はメチャ多くのアーティストからも

励まされてんのよね。GLAYのTERUは「このトークライヴで探してたものがハッキリしたよ」とか、Mr.Childrenの桜井はトークライヴのRock＆TalkのCDを聴いて「車の中でひとりで聴いて、泣いちゃったよ。感動した」って言ってくれたり。そのほかにも、このトークライヴを演奏で手伝ってくれたTAKUYA（元JUDY AND MARY）、ソン・ルイ（CORE OF SOUL）、SUGIZO（元LUNA SEA／現FLARE）、Hiroki（strobo）、HIMAWARIとNOISY（元SEX MACHINEGUNS）、そしてこのトークライヴには欠かせないコンポーザーのGENや、日本太鼓やお琴、韓国民族音楽・サムルノリの演奏者の方々など、そのほかたくさんのミュージシャンたちに支えられて、ここまでやってこれてるんよ。まさにPOW WOWのPOWERなんよね。

そこで僕が、PTAでも思うことは、人間ってやっぱり、評価っちゅうか、「想い」が届いてるっちゅうのがわかると嬉しいよね。その評価っていうのが、PTAの場合は校長先生だったり、先生方のひとことやったり。「やぁ、うちのPTAは、本当にがんばってってくれますよね」とか、「自慢してるんですよ」とか。あと、ほかの学校の保護者から、**「なんか、そちらのPTAすごいらしいね」**とか言われて、こっちは「まぁ、そんなことないですけどー♪」みたいな。それで結局、子どもたちの笑顔が増え

て、親御さんの笑顔も増えて、当然、先生方の笑顔も増えていくことが、最高の評価やんね。実は最近、僕が本当に嬉しかった評価があったんですよ。それは、ある親御さんの高校生の娘さんが、うちの学校の運動会や、卒業式を見て、お母さんに言ったひと言。「この小学校は、ほかの学校よりすっごいアットホームな感じがしていいよね」と！ **キターッ‼** 僕が大好きな言葉、**「アットホーム」**。愛に包まれてないと出てけえへん言葉や。それも時代に敏感な高校生が言ってくれた！

そういう教育の現場には、自然と笑顔が増えるっちゅうのも、僕らの **「奇跡の現場」** と共通してるんかもしれへんね。何でも本気でやり続けてたら、必ず届くんよね。評価受けるんよ。そんで、PTAの役員の方々には、そういうイケてるモンやってるっちゅう自分に、「自分もイケてるかも」って、少し評価してあげてほしいんですよね。

あと、大切な **「意識」** のお話をしときましょう。トークライヴでは、基本的にスタッフに「これやれ！」って誰にも強制してないんですよ。ただ、正直「先輩から言われたんで来ました」って、半信半疑で来てるヤツもおんねん。ところが、1回手伝って感動するやろ？ **「感動」**……つまり、**「心が感じて動く」**。動いた瞬間、手伝いが自分の意志になるんよね。これが、意識の変わる瞬間よね。

そんなスタッフが、ずっと集まってくれてるんやけど。

これもPTAと一緒よね。「持ち回りやし、頼まれているし、やってみようか」と言うて始めたんやけど、「レモンさんとやったら楽しいなぁ」とか、それ以前に、「子どものことがよくわかって、感動するなぁ。もうちょっと手伝おうかなぁ」という意志が出てくるんよね。それがメチャクチャ大事な意識改革やと思うねんなぁ。

それからトークライヴのスタッフには、「**ここが自分の居場所**」って言うてる人もおんねん。スタッフはそれぞれのプロばっかりやで。プロデューサー、舞台監督、音響、照明、カメラ……などなど。みんな、社会で自分の持ち場を持って仕事してるんや。それでもパウワウに集まってきてくれるんよね。結局みんな僕と同じで、大人社会に押されて、自分のやりたいことやれてなかったり、腹の中にいろいろ溜まってたりすんねんな。だからちょっとおおげさに聞こえるかもしらんけど、パウワウに自分の存在意義や、「まだまだブレてないぞ！」っちゅうのを、確認しに来てたりするんよね。

それってPTAにもあって、**PTAってある意味、「母親であること」、「父親であること」の存在意義みたいなんを感じれる場所**でもあるかもね。子どもたちを「サポートしてる！」っちゅう気になれるし、実際サポートしてるし！　それに、ただ「子ど

もたちのため」っていうより、変な話なんやけど、ストレスの発散場所にしてる人もおると思うんよ。絶対。だって、こう言っちゃなんやけど、主婦してて、ずっと家おってもなかなか世界広がらへん。寂しいときもあるし。煮詰まるやん。そりゃ、趣味とか持ってたら別やで。「テニススクール行ってます！」。そこで世界広がるかもしれんけど。でもそうじゃない人は、子どもを理由にPTA出てきて、PTAのお母さんらとご飯食べに行ったり、「もう、うちのパパねぇ〜」いうて、グチ言うたらエエやん。僕らパウワウも、「みんなに伝えたいこと」なんてエラそうなこと言うて、ミーティング開いてるけど、話の半分以上が、最近の事件を取り上げて「これどう思う？」とか、「もう、ムカックねん！ 聞いて〜！」とかやってるからな。まるで**大人たちの社交場**ならぬ、「しゃべり場」や。ぶっちゃけ、ウツになったり、引きこもったりしたスタッフがおって、みんなでそいつを救おうと、徹夜で話もしてきたしな。家族やな。まさにアットホームで、カムホームや。

最近、僕、もっとPTAのみんなをイジッたろうと思うてるんよ。つまりもっとPTAの絆を深くし、変に大人ぶった、意味のない遠慮なんかを取り除きたいんよね。だからこの前は自分が言いだしっぺで、役員

選出委員会のお母さんらと「打ち上げの食事会やろうや！」とか、「PTA執行部とサポーターズの打ち上げやろうや！」って言うたり。楽しい食事会があって、「楽しい！」と思うたり、「イヤなこと忘れられた！」とか思えたらエエやん。**仲間やねんからねえ。**

アットホームにいかな！

それでPTAでも「奇跡の現場」を作っていこうや。お互いの利害関係なしに集まってるからこそ、純粋でいられ、感動できる場所なんやと。誰にも強制されず、楽しくやるんやで。何より、**POW WOW POWER＝集会の力を持って！**

そうそう。ひとりでも多くの人にPOWERを届けたいから、ぜひ僕のトークライヴも見に来てね！（インフォメーションは、僕のウェブサイト Yamamotoshoo.com まで）トークライヴの中には、PTAと同じようなモノを見つけられるかもしれん。純粋な心で感動でき、PTAにも共通する何かを、見てもらえるんちゃうかなあ。逆に、「うちでもトークライヴやって！」っていうのがあったら、いつでも行かせてもらうで〜！

戦後と同じくらいメチャクチャな現代。今こそ手を取り合って、「大人の本気の後ろ姿」を見せな！

まぁ、そんなこんなで、4年間、レモンさんとしてPTA会長やってきてるワケやけど、2004年度最後のPTA運営委員会で、僕、プチ感動したんよね。これは毎年最後にみんなに聞くねんけど、「さあ、今年度しょっぱなに話した『一艘の船』の話、覚えてますか？（この本の36ページ）　僕たちの航海も最後です。どうでしたか？　1年振り返って、どんな風景を見ましたか？」って、ひとりずつ答えてもらうときや。もーねぇ、ホンマに嬉しかった。僕がいちばんみんなの口から聞きたかったキーワードばっかり出てきたんやぁ。

「大変だったけど、楽しかった」
「勉強になった」
「子どもの成長がよく見られた」
「いろいろ話せる友だちも出来た」

「何の問題もなく、周りにすごく助けられた」

……みたいに、ホンマに「大きなトラブル一切なし！ 全部がスムーズにいって、チームワークもよくて、楽しく出来たっ！」っちゅうことやねん。その言葉を聞きながら、僕は思ったんや。「これは、間違いなく、PTA役員をしてきた人たちの、今までの苦労の上に出来上がったんや」と。そんな4年前からのことが、フラッシュバックしてきて、思わずひとり、心の中でグッときてもうたんよ。

そして僕は言いました。

「僕がいちばん見てほしかった風景とは、今の気持ちや、みなさんひとりひとりの心の中の風景やったんです。つまり、『しんどい。けど子どものためにがんばろう。そしてやり遂げた』。そんな『自分自身』という風景を大切にして、誇ってほしかったんです。それに僕ね、大人ぶってんのイヤなんですよ。せっかくこうやって知り合うきっかけが出来たんやから、友だち作って、もう、家のグチなり、悩みごとか相談できる間柄になってほしいんです。PTAの活動がしんどいだけじゃなくて、そのしんどい分、**子どもの成長に感動するとか、何よりも自分の人生の1秒1秒が、『ムダじゃなかった』と思える場所**にし

てほしいと、いつも思ってるんです」

ホンマ、**イケてるPTA**やった。「イケてるPTA」っちゅーのは、まとまってるとか、いろんな仕事をするとか、いろいろあると思う。けど、それよりも根本的に「イケてるPTA」っちゅうのは、「本気や」ってことよね。要するに、PTAをやるっていうのは、「なるだけスルーパス」って思ったらアカンってこと。自分のためにもアカンってこと。**本気やったらしんどい。**自分の首を絞めるかもわからん。けど、損するんか得するんかは気持ち次第やねんな。

そういう気持ちの結果が見えたのが、毎年6年生の親御さんたち（ほとんどがPTA経験者）が主催で、先生方へのお礼と、子どもたちへのお祝いを兼ねた「お別れ会」という場面でのことやった。卒業生の6年間を振り返るっていう意味で、なんと！お母さんらが寸劇を見せてくれたんや。入学式から運動会、文化祭なんかを、お母さんたちが、小学生の格好して、ランドセルしょって演じてるんや！しまいには、どっから持ってきたんか、僕がいつも着てるレモンさんの格好をしたお母さんが登場して、**「イェイ、イェーーイ！ レモンさんで〜す！」**ってやってる！しかもスケボー乗ってやでぇ〜！もう、お母さんらのはじけ方にはビックリ

した‼　子どもたちも大喜びやけど、演じてるほうも面白そうやったわぁ〜。お母さんらの個性と才能が炸裂しとったわ。

……と言って、「演劇がよかった」ちゅうだけの話やないねん。そこに存在する**「親の本気」**が、よー見えたっちゅうことやねん。

「親も先生も、みんなが子どもたちを本気で愛してるんや！」っちゅうような、あったか〜い何かに包まれたんやね。そのグルーヴ、またはヴァイブレーションが、子どもらにも伝わったと思うんや。だから最後は、締めの挨拶をした6年生代表の子が、感動して泣き出してもうて。その、泣きながら挨拶する子どもの声を聞いて、親御さんも先生も、涙、涙の感動で幕を下ろしたんやね。4年間レモンさんやって、こんなの初めてやった。

ただ、この「本気」を、こんな形で見せなアカンようになったのも、時代背景が影響してんのよね。今の教育は戦後教育のよい部分が削られ、悪い部分がまだ残されたまんまや。

僕はこんな話を、地元のおじいちゃんたちに聞いたことがある。戦後

の焼け野原。なんにもなくなってしまったところで、大人たちが何を考えたかというと、「**この社会を再生するには、次の世代や！ 子どもの教育や！**」ってことやった。

だからまずやったことっちゅうんは、地域の人たちみんなで廃材を集め、そして学校をなんとか建て直すことやった。結果、戦争が終わったあと、日本のどこへ行ってもしっかり建ってる大きな建物っちゅうと、それは学校やったらしい。そこには熱心な教育者がたくさんいて、親も学校に協力してたんや。そんな大人たちの後ろ姿を、子どもたちは見て育ったんやと。そまつな校舎でも、子どもたちに勉強をさせようとする、**大人たちの一生懸命な「本気」と書かれた後ろ姿。**だから学校の先生も親も尊敬された。授業を終えて出て行く先生を追って、「荷物を持たせてください」という生徒までおった。それはみんなが「本気」やったからやろ？ 大人たちの本気が、子どもたちに伝わっていたんやろなぁ。

でも今はどうや？ 時は1960年代、**「抱え込み教育」**っちゅう言葉が生まれ、そこから抜け出れてないんやな。それは何かっちゅうと、日本は高度成長真っ只中、お父さんたちもいろいろ忙しなったんであろうそんな頃、**全部学校に任せるっちゅう教育**が始まってしもうたんや。人間形成から何から。ほいで、昔は家で教えなアカンこ

とやったしつけとかも、「学校の先生教えてよ、ちゃんと！」って言って、親が突っ込み出した。その流れが今まで続いて、現在、先生は、すごい雑務に追われてるワケや。ぶっちゃけ子どもたちと触れ合う時間を奪われて、本末転倒や！　がんばり屋の先生にとっては、いちばんのストレスやと思う。ほな、そういう状況に追い込んだのは何や？　それは、驚くかもしらんけど、僕が感じたのは、ぶっちゃけ我らPTAのせいや！　**そう、僕が一生懸命やってるPTAや！　親たちゃ！**　そりゃどういうこっちゃ？　簡単に言うとやな、学校は、「こういうこと突っ込まれたとき、ちゃんと説明できて、報告出来るように全部記録しとかなアカン」って、その報告書作りに必死やねん。そういう突っ込み、誰が言うの？　**PTAや親たちゃ！**　「先生これどうなってますの？」、「先生、学校がそんなんでいいんですか？」……。そんなん突っ込まれたらコワイやん。だから、書いとかなアカンねん。そういう雑務に追われてるんや。その上、文部科学省から、教育委員会から何から何まで、いろんなことさせる！　現場の先生らはフラフラになる。PTAと学校のせめぎ合い。

問題はそれだけじゃなくて、子どもが巻き込まれる犯罪や、逆に子どもが巻き起こす犯罪が増えて、まさに現代は目には見えない爆弾が、あちらこち

らに落とされている戦渦そのものや。**そう！　今は戦争状態！**　そういうときに何がいちばん大切かっちゅうたら、大人も子どもも、みんなで協力して自分たちの身を守ることやろ？

もう一度、今の時代に合った戦後を考えなアカンねんな。「教育戦争」という名の戦後。今こそ、「本気の心」を持った大人の後ろ姿を、子どもたちに見せなアカンねん。

僕はこうしてこの本で、「**教育爆談**」をぶっ放してきたわけやけど、実は、今書いたような、レーダーには映らない、もしくは、見えにくい、子どもたちを脅かすいろんな形の**爆弾**を迎え撃つための「**爆談**」やったんよね。だから、妙な話、やればやるほど「**学校の先生を守れ！**」っていう気になってきたんよ。最初はぶっちゃけ「先生を責めろ！」って思ってたけど、先生もひとりの人間として大変やねん。そんなに打たれ強くないし、病んでる人もおるやろう。「こんな頼りない先生が先生なっとんのか？」と思うこともあったけど、そいつにもちゃんとしてもらわなアカン。そう考えると、学校の先生を責めてつぶすのは簡単なんやけど、そうじゃなくて、子どもたちを守るために「**この先生、守らなアカン**」と思うようになってんな。も

ちろん、守るっちゅうても過保護的な意味やないで。先生の犯罪が過去最高を記録した2004年のデータを見てもわかるように、ぶっちゃけ、そんな先生に早く辞めてもらうのも、その人間の人生を守るっちゅうことやしな。それに、もっと根本的に教員免許の取得制度の早急な改善も含めて、先生のことを考えていくっちゅうことも、重要やと感じてるんよね。

とは言え、親も親やで。たとえば欧米にはキリスト教がある。つまり、家庭でオギャーと生まれたときから、キリスト教の教えに則って、人間的教育が始まってるんや。宗教がいい、悪いって意味ではなく、ひとまず「幹となる教え」みたいなもんが、ベースにあるんや。でも日本はどうや？　特に日本にはそんなのあれへんやろ？　もちろん、個人的に宗教を持ってる人はいるやろうけど、広い意味では、みんながみんな毎週日曜日に教会に行ってるわけやないやん。それでも子どもを産んだ瞬間、誰でも親になるやん。けど、全員初心者マークやねんで。**子どもの育て方、だれも教えてくれへん。**せやのに、子どもが成長するいちばん大事な時期に、間違ったことバァーッて言うとったら、そりゃ間違い起こす

で！　僕の知ってる大学の先生は、教師になる生徒たちにこう言うてんねんて。「キミら、子どもの教育の前に、保護者教育をしてください」っていうことを伝えることが大切なんやて。「家でこういう教育をしてください」って！　「保護者を教育する学校がいるんやないですか？」って言うたら、その大学の先生は「そういうことだね」って。僕も昔からラジオで言うてたんや。**「大人が大人として、子どもにどうしつけするか、どう叱るかっていう教習所がいる」**って。

家庭で教えるべきやった「心の教育」を、今一度、一緒に考えていこうや！

教育はもう「みんなの問題」ですよ！

お父さん、お母さん！　何度も言うてるけど、どんどん学校に参加してください。でも突っ込みに行くんちゃいまっせ！　先生をバックアップ、あるいは、ヘルプしに行くんでっせ！　それに、当然、家庭教育もしっかりとしていきましょう！　そのためにも僕ら大人が、いろんなこと学んでいかなアカンのとちゃいますか？　まずはその意識改革から一緒にやりましょ。

日本の未来を考えると、日本の子どもたちを考える。
日本の子どもたちを考えると、日本の教育を考える。
日本の教育を考えると、自分たちが出来ることを考える。
その自分たちが出来ることのひとつがPTA活動。

もう１回言うけど、僕の考えているのは、「PTA」＝「Parent（親）-Teacher（先生）Association（会）」じゃなく、「PTAA」＝「Parent（親）-Teacher（先生）-Area（地域）Association（会）」やから。子どもを持つ親だけやない。目の前にいるのが、子どものいてへん人も、おじいちゃん、おばあちゃんももちろん。もう、みーーんなで、子どもたちをバックアップしていけたら、最高なんとちゃうかな？

そのためにも、レモンさんは、もっともっと自分に出来ることを考えていくでぇ～！

❷ 印象に残る「キーワード」を入れる

キーワードがあると、何が言いたかったか印象に残る。たとえば、「みなさん、『ステキになる方程式』を忘れないでくださいね」と言えば、「ステキになる方程式」がキーワード。

❸「具体例」を入れる

キーワードを具体的にする。「『ステキになる方程式』とは、出来るだけ多くのステキなもの、たとえば…ステキな本、ステキな映画、ステキな食事、ステキな時間、ステキな友だち、ステキな風景、ステキな音楽…。このほか、ひとつでも多くのステキなものに出逢っていれば、いつの間にか他人から『ステキな人だね』と言われ、知らない間にステキな人になっているでしょう」とか。

極意3　トークのヒミツを習得　レモンさん式「解いてヒ・ミ・ツ♥」

人前でしゃべるときは、トークを飽きさせないこと!!　まず以下の「解・い・て」を習得して!
出来る人は後半の「ヒ・ミ・ツ」もこなせたら完璧!

解……トーン

声の「メリハリ」、「強弱」が大切。人間の集中力は3分が限界。小学生なら5秒。その集中力を持たせるために、途中でトーンを変える。「**どーもー**、みなさんこんにちは。いやー、ここに来るまでに、僕、**ビックリ**しましたで…」というふうに、何秒かに1度、声を大きくする。聞いている人がダラけてきたら、「**さぁ、そこでみなさん!**」と、声を上げると、みんながビックリして目を覚ますはず。

い……インターバル

いわゆる「間」のこと。落ち着いて話すために、ときどきインターバルを置くことが大事。あと、大切なことを言う前に間を取ると、注目を集めやすい。たとえば「そこで僕が言いたいのは!……(3.5秒くらい)……ぶぅ〜」みたいな。ハハハ!

て……テンポ

いくら立派な話をしても、テンポが悪いとダメ。実はFMのDJがフリートークするとき、BGMのテンポに合わせてしゃべるようにしている。4拍子なら「1、2、3、4」の最初の「1」に「さて今日は!」、次の「1」に「入学式!」というしゃべりの頭を合わせる。これが耳に心地よい。テンポのいいしゃべりは、聞いている人を心地よくさせる。ダラダラしゃべらないこと。

> もちろん、極意はまだまだあるけど、ひとまず、コレ意識してしゃべったら、大丈夫や!

ヒ……表情

話の内容に合わせて表情を変える。子ども向け番組のお姉さんが、子どもたちにいろんな表情で話しかけるのと同じ。注目度UP!

ミ……身振り

話に合わせてアクションをする。「(胸を叩きながら)僕のハートが、(こぶしを作って)キュッとなるほど感動しました!」とか。

ツ……つっこみ

これが出来たらプロ。「いやー、実はこの被ってるレモン45Kgあるんですよ!……んなわけないよね。…F1レーサーかっちゅうねん。…Gかかりすぎ!…首、太なる」って、自分でボケてつっこむ。

特別付録1 **ラジオDJが教える！PTA挨拶の極意**

みなさん、面白くて心のこもった挨拶をしてやー！

レモンさんがPTA会長になったきっかけは「私たち、入学式・卒業式の挨拶が出来ないんです」というお母さんのひと言。ならばプロのラジオDJが、挨拶の極意を特別にお教えしましょう！

極意1 トークの構成を決める レモンさん式「5挨拶」5つのトークパターン

まずそのときの状況、空気を読んで、どんな内容をどんな構成でしゃべるか決めましょう。突然、挨拶を頼まれても、この5つのパターンのどれかを使えば、あわてたり、脱線することはないですよ。

① 時間がないときは結論だけしゃべる

「とにかくこれだけはわかっていてね！ キミの目も、鼻も、口も、命も、キミだけのものじゃなく、お父さん、お母さん、兄弟、それに先生やレモンさん、キミを愛してるみんなのものなんですよ！」とか。

しゃべってるうちに話があっちこっちに飛んで、長くなる人、多いねや。この1～5のパターンを基本にするのが大切！

② トークを2つに分ける（理由と結論）

お笑いでいうと、「振り」と「落ち」のように、「理由」と「結論」に分ける。この順番はどちらが先でもOK。

③ トークを3つに分ける（入り口・真ん中・出口）

入り口の話と、締めの出口の話を決める。そして、いちばん言いたいことを真ん中に入れる。たとえば入学式だと、入り口は「今日学校に来たら…」と、その日に関連するネタをひとつ。そして、真ん中のメッセージ「キミの命は…」を話し、最後は「というわけで、レモンさんはみんなが大切で、みんなのことを愛してま～す！」と叫んで終わる。

④ トークを4つに分ける（起承転結）

これは、よく言われる起承転結の流れを作る構成。「転」で話を変える。

⑤ トークを5つに分ける（曲の構成）

よく使われる曲の構成（イントロ、Aメロ、Bメロ、サビ、アウトロ）のようなイメージ。これは、練習が必要かもね。時間があるときに使おう。

極意2 トークの内容を決める レモンさん式「挨拶3点セット」

トークの内容は、以下の3点を盛り込めば、きっと印象深い話になるはず！

① 「何が言いたいか」をはっきりさせておく

伝えたいことはひとつに絞る。たとえば「卒業式」の挨拶。「ステキな人間に成長するために、ひとつでも多くの『ステキなモノ』に出逢ってくださいね！」ということを伝えると決める。

レモンさん ペーパークラフトの作り方

① ページをコピーするよ！
200％拡大すると作りやすいよ。

② コピーしたものを切り取り線に沿ってキレイに切ろう。色をつけたい人は、色を塗ってね！

③ 各パーツを山折り線で折り、●印のあるところにのりをつけて組み立てるよ。貼りにくいところは、テープを使おう！

④ 完成図を見ながら、各パーツの同じ数字同士を貼り合わせるよ。

⑤ これで完成だ！
たまに話しかけて、かわいがってあげてね！
（注：でも、一緒にお風呂に入っちゃダメだよ！）

かわいすぎて鼻血ギューーー！！

完成図

カラー版が「レモンさん.net」からダウンロードできます。http://www.yamamotoshoo.com/lemon/img/download.pdf

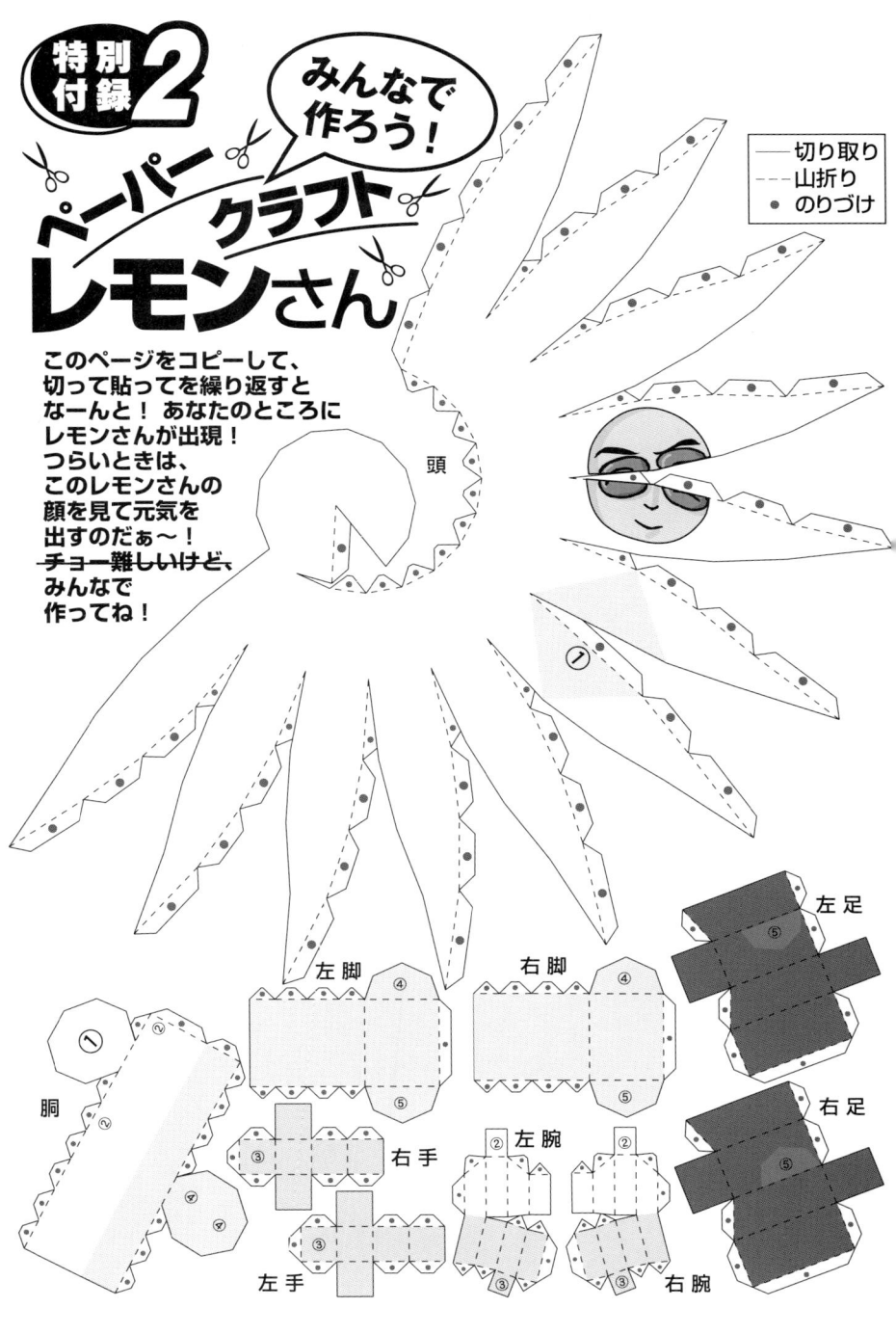

特別付録 2 ペーパークラフト レモンさん

みんなで作ろう！

———	切り取り
- - -	山折り
●	のりづけ

このページをコピーして、切って貼ってを繰り返すとなーんと！ あなたのところにレモンさんが出現！
つらいときは、このレモンさんの顔を見て元気を出すのだぁ～！
~~チョー難しいけど、~~ みんなで作ってね！

頭

胴　①　④

左脚　④　⑤
右脚　④　⑤
左足　⑤
右足　⑤

右手　③
左手　③
左腕　②　③
右腕　②　③

おわりに

みんなありがとう!! でも、こっからがスタートやで

この本の執筆が終わってから、思わぬ感動がまたまたやってきたんです。それは、長女が通うことになった地元の中学校の入学式後。そのまま保護者たちは体育館に残され、3つの輪(3クラス分)になって、今年度のPTA役員を決めることになりました。とりまとめの現PTA役員が、「これが決まらないと、ずーっとこの体育館から出られませんよ〜」なんて言うてはったそのとき! 自ら進んでふたりの手が上がって、「私たちで○○委員やりますよ〜」っちゅう声が! 見てみるとそのふたりは、レモンさんの小学校でPTA役員をしていたお母さんではないかいな! その瞬間「がんばってください!」の拍手が起こった。「ビックリ!」と共に感動した!

それを機に、様子を見ながらではあったけど、ほかのお母さんたちがゆっくり手を上げ出した。だからあっという間に全役員が決まったんよ。スゴイ!!「エエ感じや〜」っと思って、「ほかのクラスはどないなってるんかな〜」っと様子を見てみると、なんと! そこでも手を上げて、自らの意思で役員になってる人は、みんなうちの小学校の元PTA役員さんばっかりやねんか!「なんと意識の高い人ばっかりやねんな〜」と正直、誇らしかった! 全クラスの役員決めが終わった後、お互いが、「え〜? 奥さんも手を上げたの? ハハハ……」みたいな。

僕はそんな気持ちのいい風景を見られて、ホンマに嬉しかった。やっぱ、PTAってやってみると、子どもたちのためにも、自分たちのためにもなるんやってわかるんよね。みなさんにも、そんなPTA

246

の素晴らしさが伝わってればエエなぁ～と思います。
そしてこの場を借りて、この本が誕生するにあたっての感謝を……。
土肥ちゃんおめでとう！　僕との出逢いを本当に形にしてくれてありがとう！　大感動です！
長堀さんと出逢った居酒屋、会議室、ファミレス、車の中、眠そうな顔、全部に感謝です！
国松っちゃん、あなたの心に感謝です！　体に気をつけて、飲みすぎに注意！
小学館の小山さん、あなたはビックリ！　ユニークなキャラにカンパイ！　感謝してます！
そのほかにも、たくさんの人にお礼が言いたい本なので、奥付とカバーのところに、その方たちの名前を出来る限り列挙させていただきました。ホンマにありがとう！

最後に、印税のことをスタッフみんなで話し合った結果、「レモンさん基金～すべては子どもたちのために～」を作ることにしました。もちろん、僕の印税は、全額この基金に振り込まれ、そこから子どもたちに関わるところに寄付していきます。さらに、今後もこの基金を有効かつ、有意義なものにしていこうと考えています。
では、この本と出逢ってくれた人たちの「心」に大感謝！　礼！
そして、僕たちお互いの活動は始まったばかりです！　がんばりましょうね！　礼！

　　　　　　　　　　　　　　　　　LOVE ＆ BIG HUG！

2005年6月　山本シュウ

「レモンさん」こと山本シュウ
Shoo YAMAMOTO

1964年4月24日大阪府門真市出身　Oよりの A型
筋金入りのフリースタイルな生き方は子どもの頃から近所のオッチャン、オバチャン、ヤッチャンのお節介で育てられたおかげ。もちろん、オヤジ、お袋には、人としてのLOVE & BIG HUGを教わった。しかしながら、矢沢永吉の『成りあがり』を読んで家出し、フリーター人生まっしぐら。気がつきゃニューヨーク在住中、大手プロダクション「アミューズ」の会長夫人をナンパ(!?)したことにより、なぜかアミューズ所属タレントとしてラジオDJデビュー。テレビなんかにも出演。そしてラジオの枠を超え、トークライヴを定期的に行い、自身のアンテナに引っかかったことがらを題材に、独自の感性と切り口で料理。ラジオで見せる陽気なイメージだけではなく、シリアスな内面をさらけ出し、笑いと感動を与え続けている。2007年からは大阪大学の非常勤講師も務める。
レモンさんこと山本シュウのオフィシャルサイト
http://lemonsan.com/

レモンさんのPTA爆談

著者　ラジオDJ　山本シュウ

2005年7月10日　初版第1刷発行
2020年5月3日　　第10刷発行

発行人　杉本 隆
発行所　株式会社小学館
〒101-8001 東京都千代田区一ツ橋2-3-1
TEL 編集:03-3230-5540　販売:03-5281-3555
印刷　文唱堂印刷株式会社　製本　株式会社 若林製本工場

■取材協力　　D&DEPARTMENT(東京都世田谷区奥沢)、五大(東京都世田谷区駒沢)
■スタッフ　　[表紙・デザイン・DTP]梶谷 正人(フロゥト)
　　　　　　　[写　　真]和田 八束
　　　　　　　[表紙メイク]島崎 浩二(ワン エイト)
　　　　　　　[ペーパークラフト制作・イラスト]ヨシナガ
　　　　　　　[構　　成]土肥 志穂
　　　　　　　[編集協力]長堀 康一, 国松 薫(ネットアドバンス)
　　　　　　　[編集担当]小山 玄(小学館)

本書の無断での複写(コピー)、上演、放送等の二次利用、翻案等は、著作権法上の例外を除き禁じられています。
本書の電子データ化等の無断複製は著作権法上での例外を除き禁じられています。
代行業者等の第三者による本書の電子的複製も認められておりません。
造本には十分注意しておりますが、印刷、製本など製造上の不備がございましたら「制作局コールセンター」
(フリーダイヤル0120-336-340)にご連絡ください。(電話受付は、土・日・祝休日を除く9:30～17:30)
　©2005 Shoo YAMAMOTO　　Printed in Japan　ISBN4-09-387570-7